Opiniones de algunas personas

Todos deberían leer esta cautivadora historia del viaje de Richard Sigmund por la destacada casa eterna que Dios ha preparado para nosotros. Hay tantos detalles que uno siente como si estuviera allí con él en el cielo. *Mi Tiempo en el Cielo* iluminará su vida y abrirá su entendimiento a las gloriosas cosas del Dios viviente. ¡Recomiendo mucho este libro!

—Dra. Mary K. Baxter
Autora de *Una Revelación Divina del Infierno*
y *Una Revelación Divina del Cielo*

Durante más de treinta años he entrevistado a personas que han visitado el cielo. Richard Sigmund tiene la descripción más exhaustiva y detallada que haya oído jamás. De todos los que he entrevistado, él responde más que ninguno los mayores misterios sobre el cielo. Mientras Richard Sigmund estaba en el cielo, le hablaron de mi ministerio y mi futuro, y que se reuniría conmigo. Hace dos años, ¡nos hicimos buenos amigos! El reloj del tiempo profético marca un segundo antes de media noche, y este libro nos ayudará a pensar más en el cielo. ¡Debe leerlo!

—Sid Roth
Presentador del programa de televisión, *It's Supernatural!*

He estado coleccionando libros sobre el cielo durante más de veinticinco años. Estaba emocionado y con ganas de reunirme con Richard Sigmund. Nos reunimos y me impactó su ministerio. Mientras hablábamos sobre su experiencia en el cielo, pude sentir la unción en el testimonio de su tiempo allí. Este libro es fácil de leer y entender. A los niños les encanta. Los adultos reconocen la unción que hay en él cuando lo leen.

Tengo un amigo que compró varios centenares de ejemplares del libro y se los regaló a personas que asistieron al funeral de la madre de su mejor amiga. ¡Qué consuelo! Recomiendo encarecidamente este libro. Es bíblico e informativo. Servir a Jesús es lo mejor de esta vida. ¡El cielo es REAL!

—Paul Hegstrom, Ph.D.
Fundador de Life Skills International
Autor de *Angry Men and the Women Who Love Them*
y *Broken Children, Grown-Up Pain*

Cuando Richard Sigmund murió en un grave accidente de tráfico, estuvo muerto ocho horas. Dios lo llevó al cielo. Se sentó en el trono de Dios, habló con Jesús, vio a los apóstoles y habló con ellos. Tiene la descripción más extensa del cielo de todas. ¡Richard hace que Dios sea tan cercano como el aire que respira! Al haber ministrado por todo el mundo con él en muchas ocasiones, sé que su amor por otros le hace orar por los enfermos hasta que la última persona haya sido tocada por Dios. El cielo desciende, y Dios es glorificado.

—Dra. Loretta Blasingame
Fundadora de Loretta Blasingame Ministries
Autora de *Is Anybody Up There?*

Prepárese para ver, a través de las páginas de su libro, una visión panorámica de la vida después de la muerte; y, al mismo tiempo, ver detalles íntimos de cómo es la vida para un cristiano cuando traspasa el umbral de la muerte hacia el mundo más allá del velo de este planeta. Hay otro mundo que es hermoso contemplar, fascinante para la mente humana e indescriptiblemente pacífico. Es una tierra "más allá del atardecer", que Jesús ha preparado para que vivamos eternamente en la abundancia de su amor y gracia. Cuando haya leído este libro de principio a fin, vuélvalo a leer una y otra vez. Atesórelo como un recurso de gran valor en su librería personal. Adquiera ejemplares extra para su familia y para sus amigos. Tenga siempre a la mano *Mi Tiempo en el Cielo*. Nos han dicho que uno de los temores básicos de mucha gente es el temor a la muerte. *Mi Tiempo en el Cielo* es un libro especial, con un mensaje especial, revelado bajo circunstancias especiales a un hombre llamado por Dios a ser un profeta de nuestro tiempo. Me encanta el mensaje de *Mi Tiempo en el Cielo*.

—Dr. Paul C. Collins, M.Div., Th.D.
Fundador de Acts Ministry

El Dr. Richard Sigmund posee uno de los ministerios más milagrosos que jamás he visto. De hecho, es tan milagroso que algunos de los milagros han anonadado verdaderamente la imaginación y desafiado la fe de muchos por ser tan impresionantes. El testimonio de su experiencia de muerte y visita al cielo es el mejor que he oído nunca. Sé que la principal preocupación del Dr. Sigmund es ayudar a quienes sufren a recibir sanidad del Cristo vivo.

—L. D. Kramer, D. D., D. Min.
Evangelista pionero de televisión
Pastor principal, Rejoice Christian Center,
Burnsville, Minnesota

¡Este libro tiene una unción poderosa sobre él! Me sentí como si caminara por el cielo y lo estuviera experimentando yo mismo. Hace que mi alma anhele contemplar esta hermosa casa que Jesús ha preparado para mí.

—B. G.

Este libro ha cambiado mi vida por completo. Todos tenemos preguntas sobre cómo será el cielo, y tener un relato de primera mano y de un testigo ocular es algo increíblemente poderoso. Me siento como si estuviera encendido por la necesidad de compartir la Palabra de Dios a todos los que conozco. He tenido miedo de ofender a la gente al hablarles de Jesucristo. Conozco y amo a Jesús, y reconozco todos los milagros y obras que ocurren en mi vida. Comparto esto con personas que conozco cuando surgen las oportunidades, pero ahora siento la necesidad de compartir con ellos lo que he leído en su libro. Les digo: "Acabo de leer el libro más increíble que he leído jamás". Luego, ¡comienza la conversación! ¡Gloria a Dios! Gracias por escribir un libro tan maravilloso, ¡y gracias a Dios y a su Hijo Jesucristo por llevarle al cielo, mostrárselo y permitirle volver otra vez para compartirlo con nosotros!

—C.

No puedo expresar con palabras el impacto que este libro ha tenido sobre mi familia, amigos y compañeros de trabajo. ¡Dios habla alto y claro a través de él! Sólo quiero que sepa lo mucho que Dios está usando su fidelidad para hacer lo que Él le ha pedido.

—C.C.

¡Su libro es una gran bendición! Anhelo llegar a mi nuevo hogar celestial algún día. Un libro como este realmente hace que el cielo y el Señor sean una realidad aún mayor.

—N. S.

Había perdido la esperanza de todo en este mundo, pero después de leer este libro, mi fe en el Señor fue renovada; y cuando las cosas no van como yo quiero, ¡me acuerdo de que hay "un lugar llamado cielo"!

—P. A.

Su libro ha tocado mi corazón y ha reforzado mi fe en el Señor. Usted me ha dado un regalo, y lo atesoraré siempre.

—T.K.

Gracias por poner en formato de libro su experiencia en el cielo. En los últimos cuatro meses he tenido a cuatro familiares entrando por el velo del que usted escribió. Compartí este libro con mi familia y mis amigos. Es una fuente de consuelo tanto para el creyente en el Señor Jesucristo como para el no creyente. Para los creyentes, es una confirmación de dónde están sus seres queridos que les acaban de dejar y también de dónde estarán ellos algún día. Para los no creyentes, aporta el conocimiento de que ellos también pueden entrar en el cielo de Dios recibiendo al Señor Jesucristo en su corazón.

—R. C.

Gracias al Señor por haber podido traerle de nuevo la vida para compartir esta gloria maravillosa y magnífica del cielo. Es un libro que todo el mundo debería leer.

—C. R.

Soy un ex todo. Dios me encontró en una prisión de Texas. Al principio me mostraba escéptico. Hermano Sigmund, estoy escribiendo para confesar que su libro ha dejado una huella imborrable en mi corazón. No podría dejar su lectura.

Estoy agradecido, y a la vez envidioso, de que Dios le permitiera no sólo ver, sino también hacer un recorrido por el otro lado. Amo a Jesús y anhelo pasar la eternidad con Él y todas las huestes celestiales.

—R. F.

Mientras leía su libro, fui inspirado a buscar a Dios para descubrir su voluntad para mi vida. Quiero ir al cielo cuando llegue mi tiempo. Perdí todo temor a la muerte. Espero con ilusión estar con Jesús y ver el trono de Dios. Sus descripciones del cielo fueron muy detalladas. Estoy muy impresionado con este libro. Se lo he recomendado a mi congregación. Que Dios siga inspirándole a terminar su ministerio aquí en la tierra.

—Pastor William Smith
Stratford, Avon shire, Inglaterra

MI TIEMPO EN
EL CIELO

Mi Tiempo en

El Cielo

Una Historia Verdadera de Muerte...

y Regreso

Richard Sigmund

WHITAKER
HOUSE

Traduccion al espanol realizada por:
Belmonte Traductores
Manuel de Falla, 2
28300 Aranjuez
Madrid, ESPAÑA
www.belmontetraductores.com

MI TIEMPO EN EL CIELO:
Una historia verdadera de muerte y regreso
Publicado originalmente en inglés bajo el título:
My Time in Heaven: A True Story of Dying and Coming Back

Cleft of the Rock Ministries
P.O. Box 177
Maxwell, Iowa 50161

ISBN: 978-1-60374-232-0
Impreso en los Estados Unidos de América
© 2010 por Cleft of the Rock Ministries

Whitaker House
1030 Hunt Valley Circle
New Kensington, PA 15068
www.whitakerhouse.com

Para comentarios sobre este libro o para información acerca de otros libros publicados por Whitaker House, favor de escribir a: comentarios@whitakerhouse.com.

4 5 6 7 8 9 10 11 **W** 17 16 15 14 13 12

Dedicación

Este libro está dedicado a las muchas personas que me han animado y apoyado en este proyecto:

Norvel y Maggie Hayes
Sid Roth
Dr. L. D. Kramer, Challenge Ministries
Dr. Robert Cesarek, Love of God Ministries

Y las palabras de ánimo especiales de:

Rex Humbard
W. V. Grant Sr.
David Nunn

Contenido

Prefacio

No lo puedo explicar; sólo puedo contarle lo que vi, y el lenguaje es insuficiente, porque realmente es indescriptible: los paisajes, los sonidos, los tamaños, los colores, los olores. ¿Cómo se puede describir un lugar llamado cielo?

Recuerdo saber cosas que ahora no puedo recordar (o se supone que no debo recordar). Se me permitió ver muchas cosas, pero había mucho más que no se me permitió ver.

Muchos otros han tenido experiencias similares del cielo, y algunas de las cosas que vieron eran las mismas que lo que yo vi. Otras no, y si a usted le enseñaran un lugar llamado cielo, también vería cosas diferentes. Cada persona que haya tenido una experiencia como esta lo verá de forma distinta. Muchas de las cosas que vi y de las que fui testigo probablemente no fueron las cosas que otra persona vería, porque somos personas individuales y Dios trata con nosotros de forma individual.

Las cosas que vi me ministraron, y creo que también ministrarán a los que lean este libro. Jesús me dijo: "Nunca te olvides de lo mucho que te amo y de lo que he hecho por ti. Nunca te olvides de cuánto amo a aquellos con los que regresas y del lugar que he preparado para ellos, y de cuánto los amo".

No puedo explicarlo; tan sólo puedo contarle lo que vi, y sólo puedo contar parte.

—Rev. Richard Sigmund

Introducción:
"De repente, estaba en un velo grueso y nublado"

Había una sábana sobre mi rostro.

¡Me había hecho mucho daño!

"Lleva muerto todas estas horas", escuché.

Me incorporé y dije: "No estoy muerto aún".

Un asistente médico gritó. Otro perdió el control de la orina. Aparentemente, yo llevaba muerto más de ocho horas, y me llevaban al depósito de cadáveres.

Podía sentir mis huesos juntándose, podía sentir las heridas sanando mientras me incorporaba, y podía respirar y hablar.

*****

Era el 17 de octubre de 1974, y yo estaba conduciendo hacia la iglesia en Bartlesville, Oklahoma, donde ministraba. En ese momento de mi vida, Dios me estaba hablando sobre el concepto de la obediencia ciega e instantánea: ser quebrantado ante Él, como un caballo salvaje cuando es domado. Había tenido una disputa con Dios sobre ser obediente. Dios me había dicho que le diera una palabra de advertencia a alguien, y yo no quería hacerlo. Había ido conduciendo a ver a esa persona, pero seguía evitando el contacto con él y me había ido sin decírselo. También había algunos otros problemas en mi vida. Estaba teniendo problemas con mi esposa en Arizona, un gran problema.

El vehículo que yo conducía era una van muy lujosa. Era grande, de esas que fabricaban en los años setenta con una televisión hecha a medida que colgaba del techo.

De repente, sin previo aviso, me encontraba en un velo grueso y nublado. No me di cuenta en ese momento, pero tuve un accidente mortal.

1

"Tienes una cita con Dios"

*Por el contrario, ustedes se han acercado al monte Sión,
a la Jerusalén celestial, la ciudad del Dios viviente. Se
han acercado a millares y millares de ángeles, a una
asamblea gozosa, a la iglesia de los primogénitos inscritos
en el cielo. Se han acercado a Dios, el juez de todos; a los
espíritus de los justos que han llegado a la perfección;
a Jesús, el mediador de un nuevo pacto; y a la sangre
rociada, que habla con más fuerza que la de Abel.*

—Hebreos 12:22–24

Iba conduciendo por la carretera en mi van pero, de repente, estaba en un velo. Era como una nube espesa. Había colores dorados, morados y ámbar y una luz brillante. La nube vibraba cuando el sonido pasaba por ella; y yo también pasaba por ella.

Detrás de mí podía oír a gente hablando. Estaban sólo a unos centímetros de distancia. Había sirenas, mucho ruido, y oí las palabras: "Está muerto".

A TRAVÉS DE UNA NUBE DE GLORIA

Una fuerza me arrastraba a atravesar una nube de gloria, y al otro lado de la nube podía oír a gente cantando. Había risas con gran gozo, y yo tenía una paz total.

Olí un aroma—y experimenté un sabor—como fresas con crema.

Durante lo que me parecieron unos minutos, me estuve moviendo a través de la nube y, sin embargo, la nube se movía a través de mí. Entonces giré a mi derecha, hacia lo que parecía ser un área de recibimiento.

El área de recibimiento del cielo

Reunión de los familiares

A pocos metros de mí pude ver a dos mujeres de pie. De algún modo, sabía que eran muy mayores, pero su aspecto era como si tuvieran veintitantos años, y eran hermosas. Se estaban abrazando y parecían muy gozosas, y estaban mirando a través del velo.

> **En el cielo, tenía una paz total.**

"Ya viene; le veo. Aquí llega, ya viene".

De repente, un hombre llegó a través del velo. Por un momento, tuvo una mirada de gran confusión. No sabía dónde estaba, pero de repente, miró a las mujeres y las reconoció. Ellas comenzaron a abrazarle y a alabar y adorar a Dios. Se podía ver que era una reunión muy gozosa.

Reunión de un pastor y miembros de su iglesia

Más a la derecha, observé un grupo de unas cincuenta personas. Ellos también estaban adorando a Dios. Muchos estaban ahí de pie con sus brazos levantados alabándole. Algunos se abrazaban mientras decían: "Ahí viene; le veo venir".

Aparentemente estaban esperando a su pastor, quien acababa de morir. De repente, él estaba en el velo. Cuando apareció por primera vez, se veía como un hombre mayor, pero tan pronto como apareció en la atmósfera celestial, todas las arrugas de su rostro desaparecieron, y su pequeño cuerpo nudoso se fortaleció. Este pastor anciano ahora parecía como si tuviera veinte o treinta años; su juventud había sido renovada. Simplemente estaba ahí, perplejo; pero en un instante se percató de que estaba en el cielo, y comenzó a gozarse. Dijo: "Quiero ver a Jesús ¿Dónde está mi Jesús? Quiero ver al Señor". La gente comenzó a abrazarle y a gozarse con él.

"Hermano, eres tú, y eres tú, hermana", dijo llamándoles por nombre, y volvió a decir: "Quiero ver a Jesús".

Alguien le dijo: "Está un poco más adelante en su camino, y se encontrará con Él. Él siempre está ahí, siempre en punto".

Reunión de una madre y su bebé

Dirigí mi atención a un grupo de unas treinta y cinco personas. Estaban de pie frente al velo, esperando a que apareciera alguien muy especial. Se podía ver que todos estaban emocionados y contentos.

Había algunos reunidos que evidentemente habían muerto hacía muchos años terrenales, pero aquí, era solamente ayer. Vi a personas que debían de ser los hijos, hermana y esposo de esta persona especial, que esperaban este momento desde que eran residentes del cielo.

"Ahí está", dijo alguien. Una persona del grupo llevaba a un bebé. El bebé tenía la capacidad de hablar perfectamente y era totalmente consciente de su entorno. Este bebé lloraba con una voz alta y fina: "¡Mami! ¡Mami! Ahí está mi mamá. Jesús dijo que podía seguir siendo un bebé y que mamá me criaría en el cielo".

Qué grande es el amor de Dios.

En ese momento, una señora anciana y arrugada, toda encorvada y muy frágil, vino a través del velo. Al instante de entrar en la atmósfera celestial, se puso totalmente erguida;

su cuerpo frágil y encorvado se enderezó por completo. De repente, volvió a ser una joven muy hermosa, vestida con su túnica de gloria radiante y de color blanco puro.

Todos aclamaron con gritos de alegría cuando el pequeño bebé voló hasta sus brazos. Habían sido separados al nacer. La mujer había sobrevivido a un campo de concentración, pero el bebé no.

> *En su infinita misericordia, Dios se ocupa de que nada se perdiera.*

Sin embargo, Dios, en su infinita misericordia, se ocupó de que nada se perdiera. El amor de Dios es tan grande que ninguna persona puede conocerlo del todo. En verdad es insondable, y sólo la eternidad lo revelará. Corrían las lágrimas por mis mejillas, aunque yo tan sólo era un espectador. Compartí su gozo, y lo sigo haciendo.

Saludado en el cielo por personas y ángeles

Según lo entiendo yo, nadie ha llegado nunca al cielo sin que otras personas le saluden (claro, excepto Abel, la primera persona en morir y entrar al cielo).

Entonces, me di cuenta de que no sólo había personas saludando al pastor que acababa de atravesar el velo, sino también ángeles. Y había ángeles también con los otros que habían llegado. La gente llegaba a través del velo, y siempre había ángeles para recibirles.

Evidentemente, uno puede ver a través del velo en el cielo, pero no se puede ver desde la tierra. En otras palabras, en nuestra existencia no podemos ver a través de velo. En el cielo, uno sabe cuándo alguien llega. Las personas en el cielo de algún modo sabían que deberían estar en el área de recibimiento cuando llegaba alguien. Más tarde, supe que hay centros de anuncios en el cielo, y se notifica a la gente cuando sus seres queridos están a punto de llegar allí. Explicaré más sobre estos centros de anuncios en otro capítulo.

UN CAMINO PREPARADO PARA MÍ

El velo se extendía a derecha y a izquierda de todo lo que mi vista alcanzaba a ver. Tuve la impresión de que tenía cientos de kilómetros de longitud en cada dirección, y cada pocos metros había un camino que llegaba al cielo. Todos los que atravesaban el velo tenían un camino único para ellos, y yo mismo tenía un camino; el camino era para mí.

Después, desde detrás de mí, oí una voz que decía: "Tienes una cita con Dios", y sentí un toque familiar.

Aunque no podía ver quién estaba detrás de mí, creo que era el Señor Jesús. Reconocí su voz.

2

"Debes andar por este camino"

Me guía por sendas de justicia por amor a su nombre.

—Salmo 23:3

Pensé: *¡Debo de estar en un lugar llamado cielo! Qué lugar tan maravilloso.*

Estaba de pie sobre un camino dorado.

"Debes andar por este camino". La voz, amable pero firme, me dejó claro que yo debía estar en ese camino. No iba a discutir con la voz, la cual, de nuevo, me pareció ser la voz de Jesús.

En el camino, siempre estaba acompañado al menos por dos ángeles: uno a la derecha y otro a la izquierda. Mi impresión era que el ángel de la derecha estaba ahí principalmente para explicar las cosas. El de la izquierda no hablaba mucho, salvo para recordarme con frecuencia que yo tenía una cita con Dios. Creo que era mi ángel de la guarda. Todos tenemos ángeles guardianes que nos son asignados al nacer. Estos dos ángeles tenían trabajos distintos, pero trabajaban en perfecta armonía.

EL CAMINO Y EL JARDÍN DORADOS

El camino dorado era como un recorrido guiado. Me llevaba en una dirección en particular en la que debía ir. Me llevó a cosas que se supone que yo debía ver antes de mi cita con Dios.

El camino tenía unos dos metros de ancho, y tenía una dimensión: grosor. Yo iba caminando por un jardín que ocupaba todo lo que alcanzaba a ver en cualquier dirección, y vi grandes grupos de personas.

A cada lado del camino había la hierba más verde y tupida que jamás haya visto, y se movía con vida y energía. De forma sobrenatural, yo sabía que si arrancaba una hierba y luego la volvía a poner en su sitio, seguiría creciendo.

No hay muerte en el cielo, ni siquiera para la hierba. La muerte es imposible allí porque el cielo es un lugar de vida eterna. El cielo es un lugar donde la vida de Dios lo sustenta todo; Dios mismo es nuestra vida, y Él es eterno. Él no tiene comienzo, y no puede tener final.

> *No hay muerte en el cielo. Dios mismo es nuestra vida.*

Porque la paga del pecado es muerte, mientras que la dádiva de Dios es vida eterna en Cristo Jesús, nuestro Señor. (Romanos 6:23)

Puesto que en él vivimos, nos movemos y existimos. (Hechos 17:28)

Había flores de todos los tamaños y colores imaginables por el camino. Había bancos y bancos de flores. ¡Algunas tenían el tamaño de una mesa de comedor! Había rosas que parecían tener más de un metro de altura y puede que pesaran unos veinticinco kilos en la tierra. Y según caminaba, las flores me miraban. El aire estaba lleno de su aroma, y todas ellas tarareaban. Pregunté si podía arrancar una para olerla, y me dijeron que sí. Era maravillosa. Cuando volví a dejar la flor, inmediatamente se replantó y volvió a crecer. Nuevamente, no hay muerte en el cielo.

Mientras caminaba por el camino dorado, observé el cielo. Tenía un color rosado, pero también era de un azul cristalino, y había nubes en el cielo: nubes de gloria. Cuando las miré con más detenimiento, vi que las "nubes" eran en realidad miles de ángeles y miles y miles de personas caminando en grupos y cantando. Estaban dando una vuelta por el cielo.

Había un parque, el cual tenía bancos donde uno se podía sentar para hablar con otros. Estos bancos estaban por todos lados. Estaban hechos de algún tipo de oro sólido, pero su forma me recordaba a los que hay en los jardines que son de hierro forjado. La gente se sentaba y hablaba y alababa a Dios. Pasaban un tiempo maravilloso hablando con otras personas que acababan de cruzar el velo. Otros estaban en grandes grupos esperando a que cruzaran sus seres queridos.

Todas las personas allí se estaban preparando para sus seres queridos que iban a llegar al cielo. Oí a alguien decir: "Cuando vea su mansión, gritará gloria".

Algo pasó dentro de mí, y pensé: *Quizá Dios tiene algún lugar para mí aquí arriba en el cielo.*

LOS ÁRBOLES DEL CIELO

Los parques bellamente arreglados estaban llenos de árboles enormes e imponentes. Debían de tener al menos seiscientos metros de altura, y había muchas variedades distintas. Algunos los conocía, pero otros no tenía ni idea de qué especies eran. Pero eran altos y fuertes, sin ramas muertas. No había ni una hoja muerta, y algunas de las hojas en los árboles tenían forma de enormes diamantes.

Un árbol que me llamó la atención era cristalino y enorme (parecía haber miles de ellos). Me dijeron que era un árbol diadema. Cada hoja de este árbol tenía la forma de una lágrima, como una lámpara de cristales. Y había un sonido continuo de repiques que procedían de las hojas cuando se chocaban una contra otra con la suave brisa: el hermoso sonido del cristal. Cuando las toqué, había un resplandor al emanar el sonido de ellas.

Pero había más. Cada hoja, cada rama—todo el árbol— producía un tremendo resplandor con todos los colores que había en la nube de gloria. El árbol brillaba con sonido y luz. También se encendía con la gloria. La llama comenzó en la raíz y subió por todas las ramas hasta llegar a las hojas con forma de lágrima. El árbol explotó en una nube de gloria: una luz hermosa. Y explotó de sonido: un sonido increíblemente hermoso.

El árbol diadema era glorioso. Debajo de él había lo que parecían decenas de miles de personas adorando. No estaban adorando al árbol, sino a Dios.

Cuanto más me acercaba al trono de Dios, hacia donde me guiaba el camino, más árboles veía. Cada uno de ellos era tan glorioso como el árbol Diadema.

Me acerqué a lo que me parecía ser un nogal, y me dijeron que comiera. El fruto tenía forma de pera y era de color cobre. Cuando lo tomé, creció instantáneamente otro fruto en su lugar.

Cuando toqué mis labios con el fruto, se evaporó y se derritió convirtiéndose en la cosa más deliciosa que había probado jamás. Era como miel, zumo de melocotón y zumo de pera. Era dulce pero no azucarado. Mi rostro se llenó del zumo del fruto; pero nada, absolutamente nada, puede contaminar o manchar a una persona en el cielo. Inmediatamente, el zumo del fruto dulce y hermoso del árbol pasó por mi garganta como la miel. Mi rostro se cubrió por completo con este líquido hermoso y maravilloso en el que el fruto se había convertido. Sea lo que fuere, en esa atmósfera del cielo, también se fue instantáneamente. Fue una experiencia maravillosa, y casi puedo aún saborear ese delicioso zumo después de todo este tiempo.

Fui fortalecido en el momento en que olí la hermosa fragancia de la hoja.

También había árboles cuyas hojas tenían forma de corazón y desprendían un hermoso aroma. Me dijeron que tomara una hoja y la oliera, y así lo hice. Después, una voz me dijo que me daría fuerza para seguir adelante. En el momento en el que olí la hermosa fragancia, fui fortalecido.

Sentí una urgencia irresistible de ver a Jesús. "Por favor, déjenme ver a Jesús", dije.

3

El libro de la vida del Cordero

El que salga vencedor se vestirá de blanco. Jamás borraré su nombre del libro de la vida, sino que reconoceré su nombre delante de mi Padre y delante de sus ángeles.

—Apocalipsis 3:5

El ángel que caminaba conmigo hizo un gesto y dijo: "Mira la pared". La pared era alta, y parecía estar a poco más de un kilómetro de distancia.

De repente, yo estaba en la pared. (Los viajes en el cielo parecen ir a la velocidad del pensamiento).

"Mira los libros"

Después el ángel dijo: "Mira los libros".

A la izquierda, había un libro sobre pilares dorados que servía de caballete gigante. El libro tendría como un kilómetro y medio de alto y un kilómetro de ancho; era enorme, y los ángeles pasaban las páginas del libro.

A la derecha había otro libro, que era el libro de la vida del Cordero. Sus páginas se pasaban, y yo fui levantado para ver lo que estaba escrito en la primera página. Ahí, en letras doradas de unos 10 centímetros, estaba escrito mi nombre con rojo carmesí:

RICHARD DE LA FAMILIA DE SIGMUND: SIERVO DE DIOS

Junto a mi nombre estaban las fechas de mi nacimiento y mi conversión. El rojo carmesí de mi nombre era la sangre de Cristo.

Nunca entrará en ella nada impuro, ni los idólatras ni los farsantes, sino sólo aquellos que tienen su nombre escrito en el libro de la vida, el libro del Cordero.

(Apocalipsis 21:27)

Me acerqué hasta la pared y vi que estaba llena de todo tipo de piedras preciosas: jaspe, ónice, diamantes, esmeraldas doradas. La pared estaba hecha de algún tipo de material de piedra que emitía una sensación. Cuando toqué la pared, acarició mis dedos.

PUERTAS CON LENGUAS DE FUEGO

Después me dijeron que fuera a las puertas.

Las puertas eran enormes; tendrían unos cuarenta kilómetros de altura, y había tres lenguas de fuego en cada puerta, representando al Padre, al Hijo y al Espíritu Santo. Las puertas estaban hechas de oro, con aspecto semejante al hierro forjado: curvado en la parte superior, con barrotes verticales y filigranas entre los barrotes y la parte inferior. El oro representaba la gran misericordia de Dios. Miles de caminos individuales llegaban hasta estas puertas.

FLOTANDO EN AIRE Y EN AGUA CRISTALINA

A través de la puerta por mi camino había muchas casas hermosas: mansiones. Tenían muchas terrazas en el segundo, tercer e incluso cuarto pisos. La gente paseaba despreocupadamente por sus terrazas y flotaban sin esfuerzo alguno hasta el suelo, o se quedaban en el aire. Parecía que podían hacer ambas cosas. Las leyes de la física parecen no aplicarse en el cielo.

Fui llevado a un pequeño lago, donde observé que la gente estaba en el agua e incluso flotando bajo su superficie. No había olas en el lago, y el agua era cristalina y hermosa. Incluso parecía ser más clara de lo que el aire es aquí.

El agua era hermosa e incluso más clara que el aire en la tierra.

El lago parecía no tener fondo, y emitía un resplandor desde su interior. No sé qué había allí abajo, pero era glorioso. ¿Terreno de gloria? ¿Rocas resplandecientes de piedras preciosas? Una vez más digo que no sé, pero el agua estaba viva.

No fui al agua, pero sí metí mi mano en ella. El agua tenía textura, y al igual que la pared de piedra, acarició mi mano. Era refrescante (como si pusiera su mano en 7UP bien frío), aunque estaba a temperatura ambiente. Una experiencia gloriosa.

La gente se acercaba a esta agua sin temor. Vi lo que parecían millones de personas caminando debajo del agua, flotando tomados de las manos o incluso nadando. Podían respirar debajo del agua cristalina. Cuando salían del agua, estaban secos al instante.

Como no hay muerte en el cielo, nadie puede morir, ni siquiera bajo el agua. Los niños pueden jugar en el agua sin temor a ahogarse. No hay bichos peligrosos en el agua ni serpientes. Nada en el cielo puede hacerle daño.

Después supe que en el trono de Dios hay cuatro ríos. Este lago se alimenta de uno de los ríos, que tiene cientos de metros de anchura y es muy profundo en algunas partes pero poco profundo en otras. A medida que el río sale del trono, el agua comienza a multiplicarse.

Jesús parecía estar en todo lugar

El camino dorado conducía a edificios lejanos. De repente, yo estaba allí. El camino se detuvo en una calle hecha de una sustancia clara: era como una joya, entremezclada con hilos de oro. Este camino parecía la calle principal de una ciudad. Luego fui llevado hasta un grupo de gente, y observé que estaban mirando mi asombro por las cosas que veía.

De vez en cuando, a medida que recorría el camino, veía un destello de Jesús un poco más adelante. Estaba hablando con personas, amándolas, abrazándolas. Ellos le miraban con tales expresiones de adoración y alabanza que yo quería estar ahí para postrarme a sus pies. Sin embargo, el ángel dijo: "Hay que seguir un poco más por este camino. Tienes una cita con Dios, y te reunirás con el Señor". La anticipación brotaba en mi interior. Tan sólo quería estar con Jesús, pero sabía que tenía que esperar.

En el cielo, todos tienen su turno para ver a Jesús directamente y, por tanto, nadie está ansioso por ello. Están emocionados por pensar que le van a ver, pero respetan el turno de los demás para verle; nadie intenta adelantar a nadie. Sentí una gran tranquilidad porque sabía que, cuando llegara mi turno, sería un momento glorioso para toda la eternidad. Me uniría con los demás que, en ese momento de éxtasis, llegaban a ver a Jesús y a caminar con Él.

> **En el cielo, todos tienen su turno para ver a Jesús directamente.**

Sin embargo, esto fue lo más destacado: aunque podía ver a Jesús delante de mí, no podía decir que no estuviera también detrás de mí. Era como si se moviera a la velocidad de la luz. Sólo había uno, pero parecía que Jesús estaba en todo lugar al mismo tiempo. Y lo único que yo quería era estar con Él.

4

Niños y bebés en el cielo

*Jesús dijo: "Dejen que los niños vengan a mí, y no se
lo impidan, porque el reino de los cielos es de
quienes son como ellos".*

—Mateo 19:14

Ningún niño que muere se pierde para siempre. Cada
uno de ellos está con Jesús y disfruta de su presencia.
Muchas veces, vi al Señor atrayendo a los niños hacia Él.
Los abrazaba y hablaba con ellos. Parecía estar muy animado de que estuvieran con Él.

Una niña que parecía tener unos ocho años y que tenía el
pelo bonito y rubio se acercó hasta mí. Me conocía, y yo también la reconocí a ella: recordé que había muerto de cáncer.
Creo que era algún tipo de embajadora en el cielo, porque
lo único que hacía era ir de grupo en grupo y cantar unas
canciones gloriosas.

"Hermano Richard, ¿quiere ver lo que puedo hacer?", me
preguntó. Continuó enredándose su hermoso cabello (el cual
había perdido cuando sufrió de cáncer). Cuando de detuvo,
inmediatamente volvió a estar perfecto. ¡En el cielo no existen los "malos pelos"!

HABILIDADES ESPECIALES DE LOS NIÑOS

Luego dijo: "Hermano Richard, ¿le gustaría oírme
cantar?".

Comenzó a cantar con la voz de soprano más hermosa y poderosa que uno podría imaginar. Una embajadora del cielo estaba cantando, y los coros celestiales se unieron. Era la canción más hermosa que jamás haya oído, y el talento de la niña destacaba especialmente por su aparentemente corta edad.

No era la única niña que vi. Había muchas otras, con habilidades mucho mejores que las de cualquier adulto en la tierra. Si usted ha sido un buen cantante en la tierra, entonces podrá cantar millones de veces mejor en el cielo. La capacidad de esta pequeña superaba a la de cualquiera que yo haya oído en la tierra.

En un lugar del cielo, vi a un niño sentado ante un piano que parecía tener treinta metros a cada lado. Parecía un piano de cola, pero en el medio había un arpa de pie. Aunque aún no estaba tocando, ese niño estaba sentado allí, y era en un lugar abierto, como un parque junto a algunas casas. Entonces comenzó a tocar la música más hermosa. Se parecía un poco a la de Bach, un poco a la de Brahms y un poco a la de Beethoven; sin embargo, no podría decirle qué canción era. Cuando dejé el cielo, dejé también en él la melodía.

Pero había música, y había palabras en esa canción, y la gente se unía. Mientras ese niño estaba tocando el piano, los ángeles estaban de pie atentos. Algunos tenían sus brazos levantados, adorando a Dios. Las notas de la canción que ese niño estaba tocando resonaban por todo el cielo. Los coros se unían, era algo increíble, glorioso, y ese niño lo estaba dirigiendo todo.

Yo pregunté: "¿Cómo puede ser?".

Uno de los ángeles me dijo: "Están tocando esta canción porque usted está aquí. Quieren que sepa que, en el cielo, incluso un niño puede aprender cosas que son imposibles de aprender mientras se está en la tierra".

Me dijeron: "Mire al niño".

Mientras le miraba, me di cuenta de que no parecía tener más de siete u ocho años de edad. Se giró hacia mí, sonrió y me saludó con la mano derecha mientras continuaba tocando con la izquierda. Luego se detuvo. El piano cesó, y también el arpa. La gente se detuvo, y todos comenzaron a sonreír y a alabar al Señor. La canción se terminó, pero de algún modo podía oír aún su eco. El niño dijo: "Puedo tocar lo que quiera".

Había un hermoso coro de niños en el cielo. De nuevo, los niños tenían habilidades de canto y musicales mucho más avanzadas de lo que pudiera imaginarse aquí en la tierra. Cada niño sabía cantar. Me dijeron que los talentos y capacidades que Dios ordenó para ellos desde el nacimiento eran magnificados millones de veces en el cielo.

Nuestros talentos se magnifican millones de veces en el cielo.

En un momento, vi a un niño que parecía de cinco años sentado en un caballete, dibujando un cuadro de un paisaje. Le decía al pincel el color que quería, y el pincel se volvía de ese color. El niño decía, por ejemplo: "No, más oscuro. El árbol tiene que ser más oscuro". El pincel se volvía de ese color, y él pintaba en el lienzo una vez y aparecía el árbol. En el cielo, todo es posible.

CRIADO EN EL CIELO

De los muchos niños que vi en el cielo, algunos parecían recién nacidos, como si hubieran muerto al nacer o poco después, como el bebé que vi reuniéndose con su madre cuando entré por el velo. En el cielo, estos bebés tenían la capacidad de hablar y reaccionaban con interés. Sabían y entendían lo que se les decía, y podían responder. Era lo más increíble de ver.

La guardería

Vi varios niños como este. Los ángeles u otras personas los llevaban. Había una guardería en el cielo donde vi a miles, quizá millones, de niños de esa edad. Eran atendidos por los ángeles, familiares y otras personas. Cabe destacar que crecían a un ritmo tremendo; no eran bebés durante mucho tiempo.

A veces, veía a pequeños grupos de niños; otras veces, vi a grandes grupos de ellos. Todos los niños estaban muy contentos. Su cabello y su ropa eran perfectos. Algunos tenían pequeños trajecitos puestos, y otros llevaban túnicas.

Juegos

Vi a niños los suficientemente mayores como para caminar y correr y jugar, y jugaban como lo hacen en la tierra. Parecía obligatorio que los niños jugaran y se lo pasaran bien: que fueran *niños*. Parecían tener la capacidad de estar completamente contentos con ser niños.

Sabemos que, en la tierra, si no experimenta una infancia adecuada, es probable que tenga problemas de mayor. Puede ser herido en la infancia y no madurar emocionalmente del todo en su etapa adulta. Pero en el cielo, como todo es perfecto, los niños experimentan una infancia perfecta. Y son bienvenidos en todo lugar y por todas las personas (todos aman a los niños, y los niños aman a todos).

En uno de los juegos que jugaban los niños, formaban un círculo (a veces con solo unos pocos niños y otras veces con muchos niños). Un niño era elegido, y él o ella flotaban en el aire, en medio del círculo. Otro niño le daba un empujoncito al que estaba flotando y éste comenzaba a flotar para adelante y para atrás. Todos los niños se reían con gran alegría. El que flotaba en el aire se reía mucho. Parecía ser una experiencia maravillosa para ellos. Hubiera sido una gran experiencia para mí.

Otro juego era ver lo lejos que podían saltar. Los niños saltaban treinta o sesenta metros en el aire y bajaban flotando como mariposas. Era una vista increíble.

No vi a nadie jugando al béisbol, pero vi a niños subiéndose a los árboles y saltando desde ellos, flotando como pelotas de algodón. Era emocionante para ellos. No podían hacerse daño (era imposible que se hicieran daño).

Vi a niños jugando en la orilla de los mares y lagos. Hay muchos lagos en el cielo, y de nuevo, no había peligro; no podía acontecerles ningún mal. Jugaban en el agua, sobre el agua y debajo del agua; nadaban por el agua o se sentaban en el fondo del lago. Se lo pasaban muy bien jugando con las piedras y construyendo castillos de arena en la playa. ¡Qué infancia tan maravillosa! ¡Si me hubiera criado en el cielo!

También vi al Señor que llegaba y abrazaba a muchos niños, y les contaba pequeñas historias muy divertidas. Ellos amaban a Jesús, y Él también los amaba mucho.

Mirando a los niños no podía saber si alguna vez habían estado malos en la tierra. Estoy seguro que algunos lo estuvieron, pero en el cielo, estaban sanos al cien por cien, con las mejillitas rosadas (como angelitos) y podían correr y jugar.

En un lugar, vi a unos niños haciendo carreras. Corrían más rápido que un caballo en la tierra. Era increíble. En otro lugar, los vi montado a caballo. A los caballos les encantaba, y también les gustaban los niños. Los caballos podían pensar y hablar. Era una experiencia maravillosa.

Vi a niños jugando a algo parecido al escondite. Uno corría a esconderse y los otros niños tenían que encontrarle (y luego volvía a comenzar el juego). Era una bella estampa.

Ir a la escuela

Vi que a medida que los niños iban creciendo, comenzaban a ir a la escuela, como lo hacen en la tierra. Pero las escuelas eran increíbles. No se me permitió saber lo que enseñaban. Un niño en el cielo está muy por encima del mayor nivel de inteligencia aquí. Los niños aprenden cosas que los genios en la tierra no podrían saber o entender. Me quedé embelesado pensando en ello, sin habla. Puede que le cueste creer esto, no obstante es algo que le paso para que lo sepa.

Estaban tomando algo que parecía como una nube de gloria y diciéndole en qué se tenía que convertir. Jesús también estaba ahí, y dijo: "Haz esto", y sopló en ella. La nube se convirtió en una explosión de gloria, y dos hermosos pajarillos semejantes a los loros salieron volando de ella. Los pájaros eran de un blanco puro. Eran de unos dos metros de largo y tan altos como un hombre. Inmediatamente, comenzaron a cantar una canción de alabanza. Parecía como si todo el cielo se hubiera unido a cantar con ellos. Esta es sólo una de las incontables experiencias que viví que superan mi capacidad de explicar adecuadamente. No podrá creerlo del todo sin la ayuda del Espíritu Santo.

> *Los niños en el cielo aprenden cosas que los genios en la tierra no podrían saber o entender.*

No se me permitió hablar con ninguno de los niños salvo con la niña que cantó. En ese momento, había un propósito, pero no sé cuál era ese propósito.

Amables y amorosos

Todos los niños eran muy amables y amorosos. Se llamaban entre ellos por sus apellidos y les llamaban también por su primer apellido. También llaman a los ángeles por su nombre (aunque no me acuerdo de ninguno de sus nombres). En el cielo, todos conocen a todos, y se conocen por nombre. El cielo es un lugar al que uno quiere ir, y una de sus cosas más hermosas son los niños.

5

Moradas celestiales

*En la casa de mi Padre muchas moradas hay; si
así no fuera, yo os lo hubiera dicho; voy, pues,
a preparar lugar para vosotros.*

—Juan 14:2 (RVR)

De camino al trono de Dios, vi una avenida que salía de la calle por la que caminaba. Era una avenida enorme que se torcía un poco hacia la derecha y se juntaba con otra calle principal. Esta avenida tenía unos ochenta metros de ancha y recorría kilómetros y kilómetros, pero podía ver claramente el otro extremo al final. La gente caminaba arriba y abajo por las hermosas y doradas calles de cristal, que parecían estar hechas de diamantes o quizá de un gran diamante de algún tipo. Se podía ver a través de este diamante; tenía capas de oro y plata, y había piedras preciosas por todos lados.

MANSIONES DE LOS MISIONEROS

En esta avenida, había mansiones incomparables. Me dijeron que eran para los misioneros. Todo lo que han dado, lo han dado para el Señor. Creo que en el cielo, Dios recompensa todo lo que no podemos recibir aquí en la tierra.

No conozco los nombres de los que vivían en esa calle porque no me dejaron verlo, pero sé que algunos de ellos eran misioneros de

> *En el cielo, Dios recompensa lo que no podemos recibir en la tierra.*

hoy día. Algunos acababan de morir recientemente, y había grandes grupos de gente dándoles la bienvenida en el velo. Vi a uno que venía vestido en una hermosa túnica. Una de las primeras cosas que hizo fue agarrar su ropa y decir: "Qué bonita es. Ya no llevo harapos". Su túnica estaba hecha de oro hilado. Miles de personas le estaban saludando. Las recompensas de los misioneros son grandes, y Dios ama a la gente orientada a las misiones.

Fui llevado a una casa en la calle por la que iba caminando. Era una sola mansión esculpida en una sola perla gigante. La casa parecía tener entre ochenta y cien metros de ancha y treinta metros de alta.

Los muebles del interior los habían formado los ángeles que habían modelado y esculpido la perla para darle forma. Incluso la lámpara había sido esculpida en la perla, y estaba encendida. Resplandecía desde el interior.

La casa hecha de perla pertenecía a una mujer llamada Perla, y los ángeles me contaron su historia. Había sido una misionera conocida por dar a los pobres. Al final, había muerto de hambre. La casa de perla era una recompensa a un corazón puro.

Había muchos tipos diferentes de casas en esta calle. No sería posible pensar en construirlas en ningún otro lugar salvo en el cielo.

Según pasaba por una esquina de la calle (no sé si caminaba o flotaba, porque un ángel me llevaba del brazo) quise detenerme y ver una mansión en concreto que pertenecía a otro misionero. Nos detuvimos un momento. Parecía estar hecha de oro sólido, pero también había madera. Había centenares de personas en esta mansión, y todos ellos eran personas a las que este misionero había llevado al Señor. Había sido parte de las vidas de sus familias. Ahora, seguían siendo parte de su gran familia, y estaban realmente gozosos. La paz y tranquilidad eran increíbles. Mientras pasaba por allí, me saludaban y llamaban, diciendo: "Hola Richard. Nos alegramos de verte". Me conocían, pero yo no conocía a ninguno de ellos (o al menos no me acordaba de conocerles).

Todos en el cielo son muy amables. La gente a menudo llama desde el otro lado de la calle diciendo: "Hola Richard. ¿Cómo estás?".

Donde los ladrones no entran a robar

También había edificios más grandes en esta calle. De todos los edificios que vi en el cielo, ninguno de ellos tenía cerrojos en las puertas, y las puertas no estaban cerradas. Ya fueran mansiones, casas más pequeñas o edificios de apartamentos (sí, algunas personas prefieren vivir en pisos en el cielo), todas estaban abiertas. Algunos tenían ventanas, pero otros no. No hay tormentas ni ladrones. *"Más bien, acumulen para sí tesoros en el cielo, donde ni la polilla ni el óxido carcomen, ni los ladrones se meten a robar"* (Mateo 6:20). Todo el que pasa por allí es muy bienvenido a entrar en su casa, ya sea que usted esté en ella o no, pero, por respeto, no creo que nadie entre en casa de otra persona cuando ésta no se encuentra en ella.

Arquitectura indescriptible

Vi casas brillantemente encendidas desde dentro y cuya arquitectura era bonita. En el cielo, parece que la arquitectura incluye grandes pilares. Cada casa tenía unos grandes porches con pilares y enormes arcos. Algunas de las casas estaban hechas de algún tipo de ladrillo o piedra. Otros estaban hechos de algún tipo de madera. Sin embargo, mientras miraba, no había clavos ni estacas. Ni una sola pieza estaba serrada, sino que todo estaba esculpido y encajaban perfectamente unas piezas con otras. El ensamble era tan perfecto que no se necesitaban ni clavos. Era como si las casas se hubieran formado solas.

> *Cuando acercaba mi oído a algo sólido, lo oía tararear las canciones más bellas.*

Vi una terraza en una casa que parecía que estaba hecha de ónice. Se podía ver a través de ella; era tan clara como el cristal. Incrustadas en el porche había piedras preciosas y oro y plata, y había grandes diamantes (las cosas que apreciamos tanto).

Vi varias ciudades grandes en el cielo, y cada ciudad tenía calles anchas. Un área en particular a la que fui tenía siete calles principales enormes que llegaban hasta el trono.

La arquitectura era extraordinaria. Vi una casa hecha de piedra con rosas empotradas que estaban vivas y crecían y daban el aroma más hermoso.

Cuando acercaba mi oído a algo sólido en el cielo, lo oía tararear las canciones más hermosas. Algunas de las canciones las cantábamos en la tierra, pero otras no. Todo le daba alabanza y gloria al Señor.

Todo lo demás se atenúa al mirar a Jesús

Todo era muy hermoso, pero todo se atenuaba al mirar a Jesús. Sólo un destello suyo, y todo lo demás palidecía en comparación. Cuando le vi y miré su maravilloso rostro, incluso la bella arquitectura del cielo se me olvidó. Él es la imagen expresa del Padre (véase Hebreos 1:3, RVR), y todo el cielo gira en torno al Señor y su gran misericordia.

Él es la imagen del Dios invisible, el primogénito de toda creación, porque por medio de él fueron creadas todas las cosas en el cielo y en la tierra, visibles e

invisibles, sean tronos, poderes, principados o autori-
dades: todo ha sido creado por medio de él y para él.
Él es anterior a todas las cosas, que por medio de él
forman un todo coherente.   (Colosenses 1:15–17)

La ciudad de luces de cristal

En la distancia, pude oír un hermoso tintineo que venía del mar de cristal. Parecía como si estuviera muy lejos, pero era un paseo fácil para los habitantes de este maravilloso lugar llamado cielo.

Tenía muchas ganas de ver lo que había allí, y algo parecía estar atrayéndome, pero por alguna razón que Jesús sabrá, no se me permitió ir. Le pregunté por qué y recibí una mirada severa. Eso era todo lo que necesitaba saber sobre ello.

Un lugar que se me permitió ver, el cual no estaba demasiado distante, fue una ciudad de cristal que parecía estar hecha totalmente a base de luces. Cada luz era diferente (y resplandeciente). Las luces daban rayos de gloria que brillaban más que cualquier sol terrenal que se pudiera imaginar.

Era como si toda la ciudad estuviera llena de edificios altos. Algunos estaban flotando en el aire. Algunos eran redondos. Uno tenía la forma de un enorme diamante; esto era algo claramente visible para mí, y sin embargo yo me encontraba al menos a varios kilómetros de distancia. Es muy difícil describirlo, y me recuerda la experiencia del apóstol Pablo: *"Escuchó cosas indecibles que a los humanos no se nos permite expresar"* (2 Corintios 12:4). La gente continuamente salía de la ciudad. No sabía su propósito, y no iba a preguntarlo (esta vez no).

Había tintineos y un sistema de campana que sonaba con una música maravillosa. Aún recuerdo los coros de gente y

> *Hay tintineos y un sistema de campana tocando una música maravillosa.*

los ángeles que estaban cantando desde las alturas. Lloré de adoración y gozo al ver y oír estas maravillas que me resultaban imposibles de describir. De nuevo, describirlas verdaderamente sólo con palabras terrenales es totalmente imposible. ¡Si pudiera expresar lo que sentí, y lo que siento ahora!

Después de la ciudad de cristal de luces, estuve con Jesús la mayor parte del tiempo.

Mi propio hogar celestial

Fui llevado a otro hogar que salía de la calle principal por la que estaba caminando. Estaba llorando de gozo, me estaba uniendo al gozo y alegría de todos. Este hogar no era tan grande como algunos de los otros, pero era un buen hogar. Si fuera posible construirlo en la tierra, probablemente costaría un billón de dólares (y digo si fuera posible construirlo). Era mayor que la Casa Blanca. Los ángeles me dijeron que tenía que detenerme ahí, diciendo: "Alguien quiere hablar contigo".

Me acerqué hasta la casa, y ahí estaba mi abuelo, sentado en el porche delantero (y mi abuela estaba ahí también). ¡La casa era su casa celestial! Recuerdo caer de rodillas y decir: "Abuelo". Cuando se levantó, me di cuenta que parecía que tenía sólo unos veintitantos o treinta años. Cuando murió, tenía noventa y siete. Ahora, su salud era perfecta, y también la de mi abuela. Nos abrazamos, y no sabía lo que decir. Tras unos momentos, dijeron: "Richard, tienes una cita con Dios, pero volverás. Tu casa está justo allá". Señalaron al final de la calle, donde había un espacio abierto para construir una casa. Nunca había pensado que hubiera hecho algo para merecer toda la bondad que Dios me había mostrado, especialmente esto. De repente, ya no estaba con ellos, pero sobrenaturalmente, sabía que estaban sonriendo. Ellos sabían lo que estaba ocurriendo. Se lo habían dicho.

Vi muchas casas en esa calle de gente a quien amaba y que me amaban. Vi algunos de los grandes generales del ejército de Dios. Vi al evangelista Jack Coe. No estaba enfermo, y no era tan pesado como lo había sido en la tierra. Estaba de pie en una multitud de gente, enseñándoles con una voz alta y resonante. Me saludó, y yo le devolví el saludo. No había tiempo de hablar.

En el cielo, vi muchas mansiones que pertenecían a gente que amaba y que me amaban.

También vi al evangelista William Branham. Estaba sentado y hablando con el Señor. No quise interrumpirle. Él también me saludó, y le devolví el saludo. Jesús me miró y sonrió, y de nuevo, sobrenaturalmente sabía que estaba diciendo: "Richard volverá; sólo está de visita".

Vi a otras personas que habían muerto y se habían ido con Jesús. Vi a grandes predicadores de todas las épocas. Estaban entre la gente, animándoles, contándoles las grandes maravillas del cielo y las grandes cosas que Dios había hecho por ellos. Algunas de las personas llevaban ahí mucho tiempo, pero aún estaban aprendiendo. Al igual que los niños, estaban empapándose de algo que tenían muchas ganas de aprender. Después, el ángel de la izquierda dijo: "Tenemos que ir hacia el trono", y nos fuimos.

Todo fluye hacia y desde el trono de Dios

Todo en el cielo fluye hacia y desde el trono. Sin embargo, cuando uno llega allí, toda la circulación se mueve hacia el trono: desde el velo, en los hermosos transportes, y descendiendo desde el cielo. De cualquier forma que Dios le lleve al cielo, usted se mueve hacia el trono.

La gente en el cielo desea fervientemente llegar al trono y hablar con Jesús. Puede que estén de pie en la esquina de una calle mirando a ver a Jesús caminar hacia ellos. Maravillados exclaman: "¡Ya viene! ¡Viene hacia aquí! ¡Vamos a hablar con Él!".

Muchas veces, vi a Jesús hablando con la gente, y se volvía y me miraba. Quería hablar con Él, pero sabía que tenía que esperar mi turno. Sentí una paz muy grande. Cuando le vi, siempre tuve el deseo de ir ante Dios en el trono.

EL TAPIZ

Caminaba por una hermosa calle de camino a la sala del trono, la cual se veía magnífica a poca distancia. A mi derecha, observé una maravilla que, como todo lo demás, me dejó boquiabierto. Ahí, en la gran ventana de una casa hermosa, había algo que aún me hace gritar gloria.

> *Me dijeron que entrara en la mansión y "contemplara la gloria de Dios".*

Había una mujer ondeando el tapiz más hermoso que jamás había visto. Me dijeron que entrar en la mansión y "contemplara la gloria de Dios". El tapiz colgaba en el aire sin ningún medio visible de soporte. No puedo explicarlo, sólo puedo decirle lo que vi.

La mujer tenía una enorme madeja de un material parecido al hilo, y le estaba hablando suavemente, diciéndole lo que quería que fuera. En ese instante, el hilo obedecía sus deseos. Me di cuenta inmediatamente de la hermosa imagen que se estaba formando en la parte del tapiz que se iba haciendo. También vi que el tapiz era un dibujo de todo lo que se veía a través de la ventana de la mansión.

Me dijeron que al igual que nosotros somos hechos a imagen de Dios, el dibujo estaba siendo hecho a imagen de lo que ocurría fuera de la ventana. La imagen del tapiz tenía profundidad, y parecía como si se pudiera caminar en él. De nuevo, todo lo que ocurría afuera de la ventana ocurría en el tapiz. Algunas personas se movían alrededor y caminaban por delante de las ventanas. Otros estaban de pie alrededor en grupos, cantando. Podía oírlos, como si estuviera de pie al lado de la ventana. Las hojas de los árboles se movían como si una suave brisa estuviera soplando. También me vi a mí mismo, de momentos antes. Estaba de pie fuera de la ventana, mirando. Le pregunté a uno de los ángeles: "¿Cuándo entretejió este tapiz?".

Él me dijo: "Fue el día en que usted nació de nuevo". Me inundó la emoción, y lloré.

"Vamos. Tiene una cita con el Dios de su herencia".

Intenté hablar, pero nuevamente no tenía palabras. El ángel tan sólo sonrió con una tierna y amable sonrisa, y entonces pude saber cómo los ángeles se regocijan cuando alguien nace de nuevo. (Véase Lucas 15:10). Son creados y encomendados para este mismo momento. Su mayor gozo es servir a Dios y realizar la tarea donde el Señor les envía. Ellos lloran de gozo en el momento en que una persona recibe a Cristo como su Salvador, y entran en acción inmediatamente. Dios tiene su voluntad planeada para nosotros. Debemos seguir a Jesús. Él nunca falla.

Un servicio de testimonio eterno

Entonces fui llevado a un gran teatro donde se llevaba a cabo un servicio de testimonios. Había miles ahí, y según me dijeron, seguiría eternamente. Oí gritos atronadores de alabanza y gloria, y luego oí una voz muy familiar. Estaba diciendo: "me dieron una promesa del Señor con relación a la vida de mi nieto, treinta y cinco años antes de que naciera. Me dijeron que sería una bendición para su generación y que sería usado por Dios de forma poderosa. Era hijo de un predicador, y ahora está aquí. Nuestro Dios nunca falla". Miré alrededor para ver de quién estaba hablando. Como yo también había comenzado muy joven en el ministerio, estaba emocionado por ver a este hombre. ¿Estaba la voz hablando sobre el rey David, o quizá sobre Samuel? ¿Iría a ver a Samuel? Supe que podía ver a Samuel, así que grité: "Quiero ver a Samuel. Déjeme ver a este que también amó mucho a Dios". Sin embargo, no conocería a Samuel aquí.

Me guiaron a un área que parecía un escenario, y cuando miré arriba, vi que estaba mi abuelo. ¡Él era el orador! Me señaló y dijo: "Aquí está él ahora". Yo lloré de gozo al verle de nuevo, y caí postrado sobre el suelo de mármol. Una mano me levantó. Era la de mi abuelo. Mi abuela también estaba ahí, y también los hermanos de mi abuelo, Lester y Marion. Sus familias estaban con ellos, y muchas personas más a las que nunca antes había visto. No se iban a acercar más, y de forma instintiva supe que Dios no me permitiría abrazarles aún. Todos estaban radiantes de gozo.

Después, al instante me encontraba en otro lugar. Me dijeron: "Ven, tienes una cita con el destino". Caminé, todavía inundado de un lloro de gozo y con el impacto de lo que acababa de ocurrir.

Vi a un grupo de unos catorce ángeles guerreros que venían de la dirección del trono. Los ángeles bien medían unos siete metros de alto y tres metros de ancho de hombros. Sus ojos brillaban con una intensa luz de los altares de Dios, y sus espadas eran llamas de fuego. El suelo tembló cuando pasaron por mi lado.

Yo me hice a un lado, y los ángeles que me acompañaban inclinaron sus cabezas en señal de respeto. Pensé para mí: *No me gustaría nunca ser algún demonio que intentara luchar con ellos. Sólo uno de ellos podría destrozar a todo un ejército.*

Después oí esa voz fuerte y firme, pero a la vez amable. Jesús estaba detrás de mí, y dijo: "Quería que los vieras. Están siendo enviados a tu futuro. Estarán ahí para cuando los necesites".

Me acordé de este versículo: *"¿No son todos los ángeles espíritus dedicados al servicio divino, enviados para ayudar a los que han de heredar la salvación?"* (Hebreos 1:14).

Más tarde en la vida, los necesitaría y recibiría su ayuda en varias ocasiones (a veces, de una forma muy especial, personal y real). De algún modo supe que todas estas cosas eran para prepararme para el futuro que Dios tenía preparado para mí. Otra vez lloré. Los ángeles pusieron sus brazos a mi alrededor y dijeron al unísono: "Y Dios ha dado a su ángeles poder sobre ti, para animarte, para que en ningún momento tu pie tropiece contra ninguna piedra". (Véase Salmo 91:11–12, RVR).

> *"Estos ángeles guerreros están siendo enviados a tu futuro para cuando los necesites".*

Yo grité: "¡Gloria a Dios!" con gran gozo.

Pude ver de nuevo a Jesús, entre su pueblo, y había una gran multitud de niños a su alrededor. Le oí decir: "Mira esto", mientras tiraba una gran pelota de algo que parecía una nube de gloria en el aire. Cuando alcanzó unos seiscientos metros de altura, explotó en algo parecido a fuegos artificiales que tenemos en la tierra, y con una gama inmensa de colores. Sin embargo, en vez de desvanecerse, cada vez se hacía más grande. Luego, tomó la forma de un árbol y lentamente bajó flotando hasta el suelo. Instantáneamente se arraigó y comenzó a crecer. Era similar a los otros árboles que había. Era sencillamente hermoso.

Jesús sólo hace cosas perfectas. Esa es la ley del cielo.

Recuerdo a todas las personas que estaban ahí de pie, mirando con gran asombro.

LA CENA DE LAS BODAS DEL CORDERO

Luego, Jesús se volvió hacia mí y les dijo a los ángeles: "Lleven a Richard a la fiesta de bodas, y déjenle verlo. Está casi lista". Estaba ahí antes de poder ni siquiera pensarlo.

Vi un edificio que era muy alto. Tenía soportes y columnas con arcos separados unos quince metros. Las mesas donde la fiesta de bodas se iba a celebrar estaban hechas de oro con joyas incrustadas. Estas mesas estaban alineadas con sillas que parecían tronos de reyes. Así es como me parecieron, y no tengo otras palabras para explicar la belleza con la que estaban hechas. El pabellón tenía unos treinta kilómetros de largo, según mi mejor estimación. Había tres filas de mesas en un atroz semicírculo, con un trono en el fondo.

Cada silla tenía un nombre grabado en el interior del respaldo. Pregunté cuándo habían sido grabados, y el Señor dijo: "Cuando sus nombres fueron escritos en el libro de la vida del Cordero".

Cada silla en la fiesta de las bodas del Cordero tiene un nombre grabado en ella.

Guardé silencio e incliné mi cabeza con total gratitud. Luego, levanté mi cabeza y miré enfrente de mí. En ese mismo instante, vi mi nombre grabado en una de las sillas. Tenía muchas ganas de sentarme en esa silla, pero Jesús dijo: "Aún no. Se sentarán en ellas por primera vez cuando mi

Padre diga: 'Siéntense a la fiesta de bodas de mi Hijo'. Se entregará una virgen, y una fiesta de virgen se le dará al Novio virgen". Y de nuevo volví a llorar de gran gozo.

Había copas llenas de un néctar dulce del cielo. Un plato dorado estaba lleno de lo mejor del cielo. Todo estaba preparado a la perfección. La cena de bodas estaba lista para que el Novio hiciera su entrada. Había espacio suficiente para millones multiplicados de personas.

6

Dios conoce nuestros mañanas

En Cristo también fuimos hechos herederos, pues fuimos predestinados según el plan de aquel que hace todas las cosas conforme al designio de su voluntad, a fin de que nosotros, que ya hemos puesto nuestra esperanza en Cristo, seamos para alabanza de su gloria.

—Efesios 1:11–12

Fui llevado a un edificio muy grande que tenía un pasaje abovedado enorme. Dentro había filas de filas de estanterías con libros. Las estanterías parecían tener kilómetros de longitud y kilómetros de altura, y los libros parecían como de cinco metros de alto. Había centenares de ángeles sirviendo los libros. Entraban y salían (había mucha actividad).

LOS ARCHIVOS DEL CIELO

Dios guarda registro de todo, y este enorme edificio eran los archivos del cielo.

Vi también a los muertos, grandes y pequeños, de pie delante del trono. Se abrieron unos libros, y luego otro, que es el libro de la vida. Los muertos fueron juzgados según lo que habían hecho, conforme a lo que estaba escrito en los libros. (Apocalipsis 20:12)

Los archivos del cielo contienen los diferentes libros sobre nuestras vidas, y estos son los libros que se le llevan a Dios cuando llega el tiempo del juicio. Los libros son los registros de nuestras obras aquí en la tierra. Si una persona peca, se graba en el libro.

Recibí el entendimiento de que cuando nos arrepentimos, todo lo que habíamos hecho que fuera malo o pecaminoso en naturaleza y que estuviera grabado en los libros es borrado para la eternidad. Nadie puede encontrar el registro, ni siquiera Dios.

Vi otro edificio muy grande, diferente del de los archivos. En ese edificio hay un libro que corresponde a cada persona en la tierra. Hay otros libros sobre nuestras vidas, que son registros ilustrados. Cada pensamiento y cada reacción (todo) están registrados en el cielo.

Había muchos libros diferentes para cada persona. Ángeles altos y esbeltos cuidaban de los grandes libros. Estos ángeles tendrían unos tres metros de altura, y escribieron en los libros usando una pluma dorada de un metro más o menos de larga y aparentemente podía escribir eternamente. Un ángel sostenía un libro en su mano derecha y hacía los registros con la izquierda.

Vi a algunos ángeles sacar libros con su mano izquierda y abrir las gruesas páginas. En cada página había algo como una pantalla de video, salvo que las imágenes eran tridimensionales. Las imágenes contenían la historia de la vida, y los libros estaban escritos (las imágenes fueron creadas) antes de que existiera el tiempo.

Tus ojos vieron mi cuerpo en gestación: todo estaba ya escrito en tu libro; todos mis días se estaban diseñando, aunque no existía uno solo de ellos.

(Salmo 139:16)

Dios ordena nuestros mañanas por nuestras oraciones de hoy

Dios puede ir adelante o atrás en el tiempo; Él lo inventó. Dios establece nuestros mañanas por las oraciones y por buscarle hoy. Dios sabe lo que deparará el mañana. Él ordena nuestros mañanas, pero Él los ordena porque oramos hoy. Cuando oramos, Dios nos da nuestros mañanas a través de un sistema de pesos y medidas. En otras palabras, podemos saber lo que vendrá mañana por los cheques y estado de cuentas de nuestros espíritus. El Espíritu Santo habla a nuestros espíritus y nos hace orar y buscar a Dios. También confirma sus planes para nosotros y nos da dirección en la vida, diciéndonos: "Sí", "No" o "Aún no".

> *La oración provoca que Dios vaya a nuestros mañanas, ponga una trampa para el diablo, y traiga nuestras bendiciones a su debido tiempo.*

Invariablemente, cuando estamos orando por el mañana o lo que va a ocurrir más adelante, es porque Dios tiene una bendición preparada para nosotros y el diablo quiere robarla o hacernos tropezar. Cuando oramos fervientemente, esto provoca que Dios vaya a nuestros mañanas y ponga una trampa para el enemigo y se asegure de que nuestras bendiciones estén ahí a tiempo. Esto es algo que me dijo el Señor cuando estuve en el cielo.

Me dijeron que todos nuestros mañanas son los ayeres de Dios.

Una lección sobre buscar a Dios

Fui llevado a un lugar que no entendía al principio. Estaba de pie en el borde del universo, y vi todo el universo como una gran espiral. Desde este lugar estratégico, parecía como una enorme cuerda de reloj. El centro era totalmente blanco, y la luz se atenuaba cada vez más a medida que llegaba a donde yo estaba, en el borde. Yo estaba más cerca de esto que algunas de las demás personas que había allí. Pude ver a gente muy detrás de mí, y ellos pensaban que estaban cerca. También las personas que estaban por encima de mí pensaban que estaban cerca, pero estaban delante de otras personas en el tiempo.

Después, aprendí una lección sobre buscar a Dios. Los hombres en todo lugar deben buscar a Dios y ser agradecidos por donde están con Él. No envidie a otros que puedan estar un poco más adelante, y ore por los que están detrás de usted. Todos formamos un grupo que está buscando a Dios.

No dejemos de congregarnos, como acostumbran hacerlo algunos, sino animémonos unos a otros, y con mayor razón ahora que vemos que aquel día se acerca. (Hebreos 10:25)

La Palabra nos dice que no nos olvidemos de congregarnos, y menos cuando vemos que el día del regreso del Señor se acerca con rapidez. Hay fortaleza en los números, y cuando está buscando a Dios, mayor es la unción, y más fácil orar. Aprendí esto. Dios está muy por delante de nosotros porque nuestros mañanas son los ayeres de Dios. Él ya ha puesto la victoria en nuestro camino. El Espíritu Santo le hace estar consciente (si realmente está cerca de Dios) de que necesita orar porque hay algo en su camino que tiene que saber.

¿Cuántas veces ha hecho Dios esto por todos nosotros? No lo sé, sólo puedo hablar por mí. Él lo ha hecho muchas veces, y siempre me ha ido mejor orar por el mañana sabiendo que Dios ya está ahí. Él va a cuidar de mí si dedico un tiempo para orar *hoy*.

DIOS CREÓ NUESTRAS BENDICIONES ANTES DE QUE COMENZARA EL TIEMPO

Los ángeles que estaban conmigo me dijeron que algunas de las cosas que estaba viendo en el cielo por mí mismo fueron creadas por Dios antes de que comenzara el tiempo. Antes de que Él inventara el tiempo, terminó el cielo y los ejércitos celestiales, y creó las bendiciones que yo necesitaría cuando llegara ahí.

Estaba en una tienda que tenía ropa que era exactamente lo que necesitaría en el cielo. Tenía mi propia sección. Dios creó todo lo que necesitaría en el cielo antes de que creara el tiempo. Él sabía que yo estaría ahí.

> *Dios creó todo lo que necesitaríamos en el cielo antes de que creara el tiempo.*

Sin embargo, aunque ciertas cosas fueron hechas antes de que comenzara el tiempo, había otros lugares en el cielo donde vi que se estaban construyendo casas. Había ángeles trabajando, gente ocupada trabajando, haciendo hogares y poniendo bendiciones ahí que no podíamos recibir en la tierra (bendiciones recibidas en el cielo).

7

La biblioteca del conocimiento de Dios

¡Qué profundas son las riquezas de la sabiduría y del conocimiento de Dios!

—Romanos 11:33

Otro edificio al que fui llevado contenía la parte escrita del conocimiento de Dios. Dios escribió parte de su conocimiento para que nosotros pudiéramos tener algo con lo que identificarnos. Había símbolos individuales, cada uno de ellos con la interpretación del símbolo escrita por Dios. Cuando uno está en la biblioteca del conocimiento de Dios, la mente se estimula automáticamente.

Hablé con un hombre que estaba en este edificio, y dijo: "Hermano Richard, llevo aquí dos milenios, y sólo he llegado a la página dos".

Millones de ángeles van y vienen de esta biblioteca, así como el mismo número de personas de los habitantes del cielo. Estos ángeles van de camino a la tierra. Muchas veces en esta vida no sabemos qué hacer, y oramos por sabiduría. De nuevo, la Biblia dice que los ángeles son ministros para los herederos de la salvación. *"¿No son todos los ángeles espíritus dedicados al servicio divino, enviados para ayudar a los que han de heredar la salvación?"* (Hebreos 1:14). La biblioteca del conocimiento de Dios es donde los ángeles van para obtener sabiduría, y nosotros podemos recibirla. A veces, la trae directamente el Espíritu Santo. La gente en el cielo tiene acceso a ella y nunca se olvida.

Hay universidades magníficas en el cielo (quiero decir *magníficas*), y hay muchas. Nuestra educación no se termina cuando dejamos la tierra. Simplemente comenzó.

Vi dos edificios gigantes que eran universidades para personas. Los ángeles y algunas personas enseñaban a la gente. Se enseñaban todos los temas, incluso canto. Cada canción, cada nota, cada palabra que aprende se queda con usted para el resto de la eternidad. El aprendizaje no tiene final. Toda su mente se ilumina con la sabiduría y el conocimiento del cielo. Se usa el cien por ciento de su mente, y su capacidad va en aumento. En el cielo puede hacer todo lo que su corazón desee porque su deseo es de las cosas que son correctas.

> **En el cielo, toda su mente es iluminada con la sabiduría y el conocimiento de Dios.**

Los edificios de la universidad parecían tener unos dos o tres kilómetros de largo y dos o tres kilómetros de ancho. Eran grandes edificios con la capacidad de albergar centenares y centenares de miles de personas. Las clases eran auditorios enormes. Pude verlos a través de las ventanas según pasaba por allí. La gente estaba aprendiendo y alabando a Dios dentro, y me dijeron que cualquier cosa que se aprende en el cielo, nunca se olvida.

Recuerdo estar allí de pie por un momento tremendamente sorprendido. Podía oír todo lo que se decía. La gente estaba alabando a Dios, y muchos secretos de Dios eran dados a conocer.

8

Monumentos conmemorativos

Para que la gracia que está alcanzando a más y
más personas haga abundar la acción de gracias
para la gloria de Dios.

—2 Corintios 4:15

En mi recorrido, fui llevado a un edificio que parecía una enorme tarta de bodas de varios pisos. El piso inferior, que era grande y redondo, tenía unos cinco metros de altura. Tenía un pasaje abovedado encendido, y debajo del arco había un nombre, así que entré.

En su interior había paredes en las que se estaban proyectando escenas de avivamientos una y otra vez. Eran los avivamientos en los que yo había estado involucrado desde que era niño. Dios estaba recibiendo la gloria continuamente mientras esto se proyectaba una y otra vez.

En letras de ocho centímetros, estaba escrito:

LA GLORIA QUE OBTIENE DIOS DE LA VIDA DE RICHARD

Vi otros edificios conmemorativos. En el edificio conmemorativo de Cornelio, el centurión mencionado en Hechos 10 que fue generoso con los pobres y necesitados, había mucha entrega de limosna. Su edificio se parecía mucho al Monumento de Washington, pero no era tan alto. Había escritos en él, y los ángeles estaban allí de pie haciendo anuncios sobre las limosnas que Cornelio había dado. Era un lugar donde la gente podía entrar y ver lo que se menciona en la Biblia. Nunca vi a Cornelio, y no sé qué aspecto tiene, pero sentí en mi espíritu que no estaba muy lejos de allí; estaba hablando con otras personas y dándole gloria a Dios.

Había más edificios conmemorativos por todas partes. Cada uno reflejaba alguna gran victoria que alguno de los hijos de Dios había obtenido aquí en la tierra. Los edificios conmemorativos contaban cuando alguien—un pecador muy malo—llegó a Cristo. Los edificios contaban sobre las batallas que algunos habían luchado y ganado para la gloria del Espíritu de Dios. Vi un edificio conmemorativo sobre un servicio que Billy Graham había realizado en Southern California. Contaba la gloria que Dios había recibido allí y el número de personas que habían sido salvas, y las palabras fueron selladas en Dios para siempre.

Vi otros edificios conmemorativos. Era un lugar glorioso donde estar. Vi el edificio de Smith Wigglesworth. No llegué a hablar con él porque estaba lejos, pero miró hacia mí y sonrió, saludándome con su mano. Estaba ocupado dirigiendo a gente aquí a allá, y diciéndoles lo mucho que Dios los amó y lo que tenía preparado para ellos en el cielo.

> *Estaba ocupado contándole a la gente lo mucho que Dios los amó y lo que tenía preparado para ellos en el cielo.*

Smith Wigglesworth estaba haciendo en el cielo lo que había hecho en la tierra: ayudar a la gente. Como no hay gente enferma en el cielo por la que él pudiese orar, estaba hablando con todos los recién llegados que habían leído sus libros y le habían oído hablar y querían charlar con él, pero él se mostraba siempre muy humilde al hablar sobre todo lo que ayudó a los demás.

El más importante entre ustedes será siervo de los demás.
                                                    (Mateo 23:11)

Que el mayor entre vosotros sea el siervo de todos (véase Mateo 20:27). Esta es una de las reglas por las que se rige el cielo. Usted es un siervo de todos; usted es un siervo para todos; y usted es un siervo del Señor. La manera de "subir" con Dios es "bajar" e ir más allá de usted mismo, donde no queda nada de usted. La muerte del yo vale mucho a ojos de Dios.

Los ángeles que estaban conmigo me dijeron que hay cosas que Dios valora mucho: Él valora mucho a alguien que sea absolutamente veraz y totalmente honesto, que ora antes de tomar cualquier decisión, y que se asegura de que todas sus decisiones sean lo que Dios quiere que haga. Dios valora mucho a alguien que ora y le busca en todas las cosas y que es obediente. Por encima de todo está la obediencia a Dios. Estos son los principios por los que se rige el cielo.

El Camino de la Rosa

Fui llevado a una avenida llamada Camino de la Rosa. De algún modo, supe que había eventos importantes y duraderos asociados a esta calle. Le pregunté al ángel de mi izquierda si podía decirme por qué estaba yo allí en ese hermoso lugar. Él me contestó: "Tu misión es obedecer a Dios, y no preguntarle". Me habló con voz firme, así que ahí quedó todo. Había algunas casas aún en construcción. Una de ellas tenía nombres grabados en letras hermosas sobre la entrada. Estos nombres eran Paul y Judy de la familia Hegstrom. En ese entonces yo no sabía quiénes eran, y no me atreví a preguntar.

Observé que las otras casas eran de construcción similar. Todas estaban unidas por un jardín hermoso y tupido, con árboles florales de cientos de metros de altura. Todos ellos estaban hechos de tal forma que el dorso y el frente se parecían mucho.

Además, todas las casas tenían tres pisos de altura. Tenían muchas habitaciones espaciosas, decoradas con carpintería rosada, y las habitaciones estaban llenas de finos muebles. Todo parecía haber salido del Palacio de Buckingham de Londres. En los jardines traseros había muchas áreas de descanso con muebles dorados, que otra vez, se parecían a muebles de hierro forjado. Los cojines para sentarse estaban hechos de oro tejido.

> *Todo parecía haber salido del Palacio de Buckingham de Londres.*

Detrás de las casas había un gran lago, y también escenas del cielo ornamentadas y hechas a mano. Estas escenas tenían figuras vivientes que se movían y hablaban pero eran parte de la escena. Estaban esculpidas en una sustancia como la madera. De nuevo, no puedo explicarlo mejor, tan sólo puedo decir que eso es lo que vi. Las leyes de la física que funcionan en la tierra no funcionan allí.

Las principales bibliotecas en estas casas estaban llenas de libros con membretes en relieve de oro. Eran pre copias del cielo de libros que han sido escritos y que se escribirán más adelante.

De la biblioteca de la casa de los Hegstrom, Jesús me dijo: "Estos libros fueron escritos por mi Espíritu en el comienzo de los tiempos. Se le entregaron a Paul Hegstrom para que los escribiera en la tierra cuando estaba allí. Le conocerás más tarde. Cuando lo hagas, dile que hay mucho que hacer y que no afloje el paso". Luego Jesús dijo: "Te diré más cosas después".

Cada miembro de una familia estaba representado por su propia casa. Algunos de estos miembros ya estaban allí. En el frente de la casa de Hegstrom había un edificio conmemorativo para la gloria que Dios había recibido de la vida entregada de este hombre. De nuevo, me dejaron saber que le conocería más adelante, a su debido tiempo. Lloré de alabanza y gratitud, y los ángeles comenzaron a alabar a Dios.

"DONDE LAS ROSAS NUNCA SE MARCHITAN"

Este incidente no significará tanto para usted como para mí. Todavía me emociono cuando lo recuerdo. Me trae a la mente un evangelista amigo mío que de alguna manera fue como un padre para mí. Siempre me cantaba esta canción: "Donde las rosas nunca se marchitan". Nunca me recuperé del todo de su súbita muerte.

La gente a mi alrededor estaba muy callada, y sentí que estaba a punto de ocurrir algo muy especial. Me di cuenta de que alguien venía hacia mí. Le reconocí como un viejo amigo que había muerto en un accidente de tráfico hacía muchos años. Me quedé perplejo al verle allí. Yo no sabía que se había convertido. De nuevo, me quedé sin palabras.

¡Qué alegre día de reunión tendremos en la gloria!

9

Música, lenguajes y vestiduras en el cielo

*Y oí a cuanta criatura hay en el cielo, y en la tierra,
y debajo de la tierra y en el mar, a todos en la creación,
que cantaban: "¡Al que está sentado en el trono y al
Cordero, sean la alabanza y la honra, la gloria y el
poder, por los siglos de los siglos!".*

—Apocalipsis 5:13

Dios no quiere perder ni una pizca del talento y destreza que la gente ha desarrollado en la tierra. Como escribí antes, cuando ese talento se lleva al cielo, se multiplica millones de veces.

Música por todas partes

Vi y oí a Juan Sebastián Bach en un enorme órgano que tenía notas por debajo y por encima de lo que la gente normalmente oye en la tierra; y yo lo oí todo. Mientras él tocaba, los coros del cielo se unían en alabanza y adoración; todos se unieron a la música.

Me di cuenta de algo más que ocurre en el cielo: la música estaba por todas partes. La gente en los distintos pueblos y ciudades alababan a Dios con cantos. Un pueblo cantaba una canción. Otro pueblo cantaba otra canción diferente. Conforme yo ascendía por el aire, podía oír música de diferentes pueblos a la vez; sin embargo, ¡se oía todo como un único concierto! Cuanto más alto ascendía, más pueblos podía oír; sin embargo parecía como si todos estuvieran cantando la misma canción en perfecta armonía. Pensé en ello como "el canto del cielo".

Vi coros desde la distancia. Entonces, los vi más cerca. Los había oído de fondo, y también había visto grupos más pequeños cantando. A veces, los coros eran grupos de ángeles. Aparentemente, uno de los cantos era específicamente para mí. Mientras estuve allí, sabía lo que era. Ahora no entiendo el canto o su significado, ni recuerdo la melodía o la letra. Era para que lo conociera sólo mientras estaba allí.

Entendí que los cantos que cantaron los ángeles tenían algo que ver con el ministerio y con lo que Dios estaba diciéndole a la gente en el cielo.

Los cantos que la gente cantaba eran diferentes. A veces se formaban grupos de dos o tres personas. A veces había grupos más grandes. Vi a un gran grupo sentado en un anfiteatro, y parecía que estaban de pie en el aire, aunque también parecían levantarse. Cantaban cantos similares a los que cantamos aquí en la tierra.

Una canción que recuerdo es "Viene el Rey". Pero el título era un poco diferente: "Ha venido el Rey". Cantaban toda la historia desde el punto de vista del cielo, y era la canción más bella. Recuerdo oírla, pero ahora no me acuerdo de las palabras.

Cuando uno se va del cielo, pierde la capacidad de entender algunas de las cosas que ha oído allí. Gran parte de ello no se recuerda porque no hay palabras terrenales para expresarlo.

Cuanto más me acercaba al trono de Dios, mayor era el número de personas que había en los coros. Recuerdo un coro de lo que parecían ser unos cincuenta o sesenta mil. (Mientras estaba allí, sabía el número exacto, pero ahora no lo recuerdo). Cantaban con el bajo más grave y la soprano más alta, fuera de los rangos de cualquier persona de la tierra. Se les podía oír placenteramente de fondo por todo el cielo. Era música en el lenguaje de Dios.

Lenguajes humanos y celestiales

> *En el cielo, se tiene la capacidad de hablar todos los lenguajes humanos, además del lenguaje propio del cielo.*

En el cielo, uno puede hablar en un lenguaje celestial siempre que quiera, y la gente te entiende perfectamente.

Oí un lenguaje que sonaba como ruso a ciertos grupos de personas; sin embargo, otras personas que yo sabía que no eran rusas podían hablar con ellos perfectamente en ese dialecto. Esas personas también hablaban en un dialecto celestial, y hablaban inglés perfectamente también. Parece que en el cielo uno tiene la capacidad de hablar todos los lenguajes humanos además del lenguaje propio del cielo.

Vestiduras celestiales

Hay tiendas en el cielo, pero son tiendas dirigidas específicamente a quien entre por la puerta. Había una joyería con diamantes que representaba a una mujer específica en la vida de un hombre. De nuevo, una tienda a la que entré solo tenía trajes y túnicas hechas específicamente a mi gusto. En otra tienda vi túnicas que habían sido hechas antes de que comenzara el tiempo. Estaban puestas en las estanterías y estaban en perfectas condiciones, como si las hubieran acabado de poner allí. Por supuesto, nadie las tomaba porque eran para otra persona. Es un gozo para uno asegurarse de que otros reciben lo que Dios tiene para ellos.

Vi algo parecido a un lugar de reunión (como un centro comunitario). Miles de mujeres estaban sentadas en mesas y bancos en una especie de parque. En el centro de ellas había una pila de ropa muy bonita. Estaban cosiendo pero no tenían agujas ni hilo en sus manos. Simplemente estaban uniendo piezas de tela y diciéndoles lo que tenían que ser. La ropa se convertía en lo que las mujeres decían. Las mujeres estaban haciendo vestiduras para la gente que pronto llegaría allí.

Creo que las vestiduras eran recompensas que se estaban apilando en el cielo. En el cielo, Dios nos recompensa por lo que damos en la tierra y que sólo Él sabe. Él sabe lo que damos en secreto. Yo vi esto.

Más bien, cuando des a los necesitados, que no se entere tu mano izquierda de lo que hace la derecha, para que tu limosna sea en secreto. Así tu Padre, que ve lo que se hace en secreto, te recompensará.

(Mateo 6:3–4)

La vestidura varía en el cielo. Algunas personas estaban vestidas con cierto tipo de pantalones y sudaderas de color blanco puro. Un atuendo que vi era amarillo brillante, pero vi otros de diferentes colores. Vi a personas vestidas con atuendos similares a los que usamos aquí en la tierra pero mucho más caros a la vista. También vi a gente vestida como uno pensaría que visten los ángeles: con túnicas blancas. La ropa estaba hecha de material celestial.

Vi al Señor muchas veces. Tenía oro alrededor de los puños de sus mangas y alrededor del cuello. También tenía un cinto dorado y oro alrededor del borde de su larga túnica.

No puedo describir con palabras lo hermoso que era ver a todas esas personas diferentes con sus fabulosos adornos.

Era debido a la unción. En ningún lugar vi a gente con joyas; no era necesario. El resplandor de la presencia de Dios hace que una persona sea hermosa.

"Quiero ver a Dios", dije espontáneamente. El ángel me corrigió: "No. Tienes una cita". Los ángeles no acuden ante Dios a menos que se les mande.

—10—
Balcones y carrillones en el cielo

Por tanto, también nosotros, que estamos rodeados de una multitud tan grande de testigos, despojémonos del lastre que nos estorba, en especial del pecado que nos asedia, y corramos con perseverancia la carrera que tenemos por delante.

—Hebreos 12:1

BALCONES CON VISTAS A LA TIERRA

Caminé junto a grupos y grupos de personas, y podía oírles hablar. Era como el murmullo y el ajetreo de gente esperando en un aeropuerto o una estación de trenes. Obviamente, estaban esperando a alguien. También estaban preparando algo.

"Hicimos esto porque sabíamos que a él le gustaría".

"Esperen a que vea esto".

Era obvio que esas personas estaban preparando una mansión para un familiar o amigo. Estaban hablando sobre esa persona que estaba a punto de llegar. ¡La emoción que mostraban por alguien que llegaba a casa! Como dije anteriormente, había centros de anuncios indicando a la gente cuándo un ser querido llegaría al cielo. Estos centros parecían como caparazones de goma, salvo que estaban hechos de nubes de gloria. Eran sólidos, pero se podía ver a través de ellos, y parecía como si se iluminaran desde dentro con una gran cantidad de gloria que impregnaba todo lo demás. Había diferentes colores, como fuego atravesando el lugar: ámbar y oro. Había chispas y un aroma: la fragancia de Dios.

En este caparazón de goma alguien estaba anunciando a alguien que llegaba. Había un gran número de personas en la multitud, y de manera sobrenatural, supe que era un pastor que llegaba a casa después de muchos años de servicio en su iglesia. Iba de camino al centro de anuncios. Ya había cruzado el velo, y había un gran gozo y asombro en la gente.

De nuevo, hay balcones y gradas en el cielo que tienen vista a los eventos de la tierra. La gente acude para ver cómo suceden las oraciones. Ellos son la *"nube de testigos"*:

> *Por tanto, también nosotros, que estamos rodeados de una multitud tan grande de testigos, despojémonos del lastre que nos estorba, en especial del pecado que nos asedia, y corramos con perseverancia la carrera que tenemos por delante.* (Hebreos 12:1)

La gente en el cielo ve nacimientos y bodas en la tierra. Son una sección de animación, dándonos ánimo a nosotros.

CARRILLONES MULTICOLORES COMO DIAMANTES

Me mostraron carrillones en el cielo que eran muy altos y hermosos. Parecían diamantes y medían unos cinco metros en cada dirección. Estaban suspendidos de un poste que era diamante sólido y de unos doscientos metros de altura. Nadie tenía que tocar las campanas. Los ángeles lo hacían, y repicaban durante lo que parecían unos veinte minutos. Mientras repicaban, la gente se unía a ellas cantando.

Las campanas eran como un enorme minarete; eran como árboles y estaban por todas partes. Los tubos de las campanas eran enormes y tenían un sonido profundo y pleno que llenaba el aire con armonías que se podían oír a gran distancia. Me dijeron que siempre que alguien se salvaba, las campanas emitían un sonido.

Una vez, vi que me encontraba a centenares (quizá incluso miles) de metros de altura mientras me enseñaban el cielo. Al estar tan alto y mirar hacia abajo, podía ver muchas campanas. Eran multicolores, y de algunas de ellas salía gloria. Eran como el árbol Diadema de cristal y emitían un sonido hermoso. Era como un órgano que sonaba continuamente. Cuando alguien se salvaba, repicaban fuerte con una hermosa canción.

> *Siempre que alguien se salvaba, repicaba una hermosa canción.*

También vi campanas cerca de los balcones del cielo. Había siete grandes torres con campanas colgando de ellas. Los santos de Dios iban a los balcones y comenzaban a orar y adorar a Dios. Mirando a la tierra, podían ver sus promesas cumplirse. O miraban a un servicio de avivamiento, como hacían a menudo, diciendo: "Así se dice, predicador". Ellos se unían al servicio, y las campanas tras ellos comenzaban a dar el sonido celestial más hermoso: un canto de adoración y alabanza.

Aquí en la tierra, ha habido veces en servicios de avivamiento en que hemos oído los himnos de gloria cantados y la hermosa música del cielo tocando. Por lo que vi durante mi tiempo en el cielo, creo que oímos las campanas que estaban cerca de los balcones del cielo. En esos servicios, nuestra alabanza y adoración fueron tan altas que se juntaron con la que estaba descendiendo del cielo. Después hubo un fluir firme del Espíritu de Dios. ¡Sentarse en los lugares celestiales con Cristo Jesús! Podemos experimentar sentarnos en esos lugares celestiales si pagamos el precio de permanecer en el Espíritu de Dios. Eso es lo que significa el versículo:

Y juntamente con él nos resucitó, y asimismo nos hizo sentar en los lugares celestiales con Cristo Jesús.

(Efesios 2:6, RVR)

DEPARTAMENTO DE RECOMPENSAS CELESTIALES

El ángel que me acompañaba a mi derecha me habló sobre un departamento de recompensas en el cielo. No lo vi, y no fui allí. Sin embargo me lo contaron, y también oí a otros hablar sobre ello.

Es un edificio enorme de registros. Es donde se guardan registros de las recompensas que no recibimos en la tierra por alguna u otra razón. Un ejemplo sería la recompensa por dar limosna a otros o dar al Señor. Por el amor y compasión que tenemos en nuestro corazón, damos a la necesidad mayor; lo que damos aquí, lo volveremos a recibir en el cielo.

Fui llevado a un gran edificio (grande según los estándares el cielo). Dentro había muchas habitaciones decoradas de forma muy bonita. El mobiliario era extraordinario: indescriptible. Vi algo semejante a un sillón reclinable. No me senté en el, pero vi que otro se sentaba; al hacerlo, el sillón se acomodó a su cuerpo, proporcionándole una comodidad increíble.

Se le entregó un libro, y comenzó a leerlo en voz alta a otros que estaban a su alrededor. No sé lo que estaba leyendo —no se me permitió oírlo—, pero todos estaban sonriendo y alabando a Dios. Realmente sentí que dentro de ese libro estaban los deseos y anhelos de un hombre cristiano aquí en la tierra. Se hicieron planes según lo que estaba escrito en el libro. De las formas en que él había sido una bendición a otros, esa persona iba a ser bendecida en el cielo. Y estaban planeando el hogar en el que él iba a vivir en el cielo. Estaban planeando los eventos celestiales que había preparados para él. Dios lo había dado a conocer y lo había escrito en ese libro.

Creo que las cosas buenas que usted hace que le sucedan a otros en la tierra le ocurrirán a usted en el cielo. En este edificio—en esta habitación—estaban las intenciones de Dios para las obras de un hombre y cómo Dios iba a bendecirle. El edificio reflejaba el hecho de que Dios desea bendecirnos incluso más de lo que nosotros deseamos recibir de Él.

Dios desea bendecirnos incluso más de lo que nosotros deseamos recibir de Él.

Había otras habitaciones en este enorme edificio. Las habitaciones eran descomunales, a veces indescriptibles de tamaño. Algunas de las habitaciones tenían lámparas enormes colgando de los techos. Había tres lámparas en la primera habitación donde el hombre estaba sentado en la silla. Cada una medía cientos de metros de anchura. Las tres lámparas estaban haciendo lo mismo al mismo tiempo. No había electricidad, pero lucían de manera preciosa; se encendían con una luz desde dentro. Como el árbol diamante, lucían continuamente en diferentes colores con lo que parecían casi ráfagas de fuego. Brillaban y desprendían energía. La energía parecía estar por todas partes en el cielo. Yo creo que era la gloria *shekinah* de Dios. El Cordero (Jesús) es la luz: el poder y la presencia de Dios.

La ciudad no tiene necesidad de sol ni de luna que brillen en ella; porque la gloria de Dios la ilumina, y el Cordero es su lumbrera.   (Apocalipsis 21:23, RVR)

A lo largo de esta enorme habitación, la gente estaba leyendo libros unos a otros y haciendo planes. Oí que una persona decía: "Ahora hagamos esto". Haciendo un gesto en el aire, surgieron de su mano algo parecido a arcos de fuego, y brillaron como fuegos artificiales que colgaron del aire por unos momentos. Pensé: *Caramba, me gustaría poder hacer eso.*

Uno de los ángeles que estaba de pie a mi lado oyó mis pensamientos y dijo que, en el cielo, uno tiene la capacidad de hacer cosas que son impensables en la tierra. Se pueden hacer en el cielo porque le agrada a Dios. En el cielo, las leyes que gobiernan la tierra se terminan, y las leyes del cielo lo gobiernan todo. Y eso es todo lo que dijo al respecto.

> *En el cielo, uno tiene la capacidad de hacer cosas que son impensables en la tierra.*

Me di cuenta de que todo lo que es posible en el cielo y que da gloria, honor y alabanza al Señor puede ser una recompensa por cosas hechas en la tierra, especialmente en esta habitación. También me dijeron que los que no buscan recompensas en la tierra reciben las mayores recompensas en el cielo. La gente en esta sala estaba planeando las recompensas de otros de libros que el Señor declaró, escribió y registró.

Había otras muchas habitaciones, pero no se me permitió entrar en ellas. El amable recordatorio siempre estaba ahí: "Tienes una cita con Dios". Tenía que aferrarme al camino. El ángel decía: "No, debes ocuparte de las cosas de tu Padre".

Yo realmente quería ver este otro gran edificio porque de algún modo sabía que contenía todos los milagros que se necesitan en la tierra para nuestros cuerpos. No conozco la ley del cielo al respecto, pero sé que Dios creó todo lo que necesitamos para nuestros cuerpos. En este y otros grandes edificios, parecía haber grandes fábricas. No sé lo que se hacía en ellos. No había chimeneas, corrientes de energía o plantas de energía. Sólo salía de ellos alabanza y adoración. Podía oírlo, y había muchas personas entrando y saliendo de los edificios.

Para una "fábrica", la arquitectura era muy bonita: aguas, entradas con arcos y columnas por todo alrededor. Esta era la arquitectura típica del cielo. A lo lejos podía ver el templo de Dios, o edificio del trono, el edificio más grande y más bonito del cielo. Cada vez que miraba en dirección a él, algo se avivaba dentro de mí: "Tengo una cita con Dios".

11

Jesús vino a mi encuentro

Tu amor, Señor, llega hasta los cielos; tu fidelidad alcanza
las nubes. Tu justicia es como las altas montañas; tus
juicios, como el gran océano...¡cuán precioso, oh Dios, es tu
gran amor! Todoser humano halla refugio a la sombra de
tus alas. Se sacian de la abundancia de tu casa; les das
a beber de tu río de deleites. Porque en ti está la fuente
de la vida, y en tu luz podemos ver la luz.

—Salmo 36:5–9

Había fuentes por todas partes en el cielo. Yo me preguntaba: ¿De dónde provenía el agua? Algunas de las fuentes eran del tamaño de una manzana de una ciudad. Se puede ver a través de algunas de ellas; parecían de hielo pero eran de un tipo de cristal. Las figuras en ellas estaban "vivas" (se movían).

Fuentes con estatuas que se mueven y agua colorida

Las aparentemente miles de fuentes en el cielo reflejan diferentes cosas. Una que vi tenía una estatua de Jesús derramando un gran cántaro de gloria. La gloria caía sobre niños y mayores que tenían sus manos levantadas, queriendo beber. De nuevo, las estatuas de algún modo estaban vivas, porque se movían, pero estaban hechas de piedra. Pude ver a Jesús mismo a lo lejos y la imagen de Él moviéndose en una fuente que tenía delante de mí. *¿Cómo puede vivir la piedra?*, pensé. Jesús me miró y sonrió.

En otra fuente, centenares de personas estaban de pie alrededor, mirando. El agua se volvía de centenares de colores y descendía por encima de una montaña muy bonita con árboles. El agua salía disparada al aire y descendía sobre ella como una llovizna.

La llovizna se enganchaba en los árboles como oropeles en un árbol de Navidad. Relucía. Sin embargo, los árboles sobre la montaña eran del verde más vivo y de otros colores. El agua no era como el agua que tenemos en la tierra (y a la vez sí lo era). Era agua, pero podía hacer lo que uno quisiera hacer con ella. Se convertía en hielo que no estaba frío. Había láminas de hielo sobre los árboles que deslumbraban.

No podría decir por dónde se evacuaba el agua. No había tuberías en el suelo, y aparentemente no se necesitaba la fontanería. No había baños, ninguna casa de las que vi en el cielo tenía baños. Uno no tiene que comer en el cielo, y aunque se coma, no es necesario ir al baño. Ni siquiera es necesario bañarse en el cielo.

De igual forma, no hay corriente eléctrica, pero hay luces por todos lados, incluyendo grandes lámparas. Nada en el cielo produce sombras; la luz es uniforme en cada dirección. Igual que no hay sombras tangibles en el cielo, tampoco las hay del tipo emocional o espiritual. No hay variación, ninguna sombra de fracaso. Las cosas no pueden fallar en el cielo, y están establecidas para toda la eternidad.

Toda buena dádiva y todo don perfecto descienden de lo alto, donde está el Padre que creó las lumbreras celestes, y que no cambia como los astros ni se mueve como las sombras.   (Santiago 1:17)

Cuanto más me acercaba al trono, mayores eran las maravillas.

"Diles a mis hijos que les amo"

Vi a Jesús que venía hacia mí. Me detuve, y los ángeles se quedaron de pie atentos y se alejaron de mí unos pasos. Después, se postraron, se levantaron y se pusieron en pie con mucha atención nuevamente con miradas de adoración en sus rostros. Jesús caminó en dirección a mí, y caí postrado como un hombre muerto. Él se detuvo a unos pocos metros de mí, y recuerdo ver los agujeros de los clavos en sus pies. Brillaban con una luz desde dentro del hermoso, hermoso Jesús. ¡Él sufrió esto por mí! Yo no tenía palabras.

Evidentemente, Él me tocó, y pude levantarme. No me sentía digno de estar de pie o de mirar su rostro. Él extendió sus dedos, levantó mi barbilla y dijo: "Hijo, mírame. Te amo. Aunque hayas sido desobediente y no hayas hecho lo que te dije que hicieras, te sigo amando, y deseo que les hables a mis hijos sobre este lugar llamado cielo. Quiero que les cuentes a mis hijos las cosas gloriosas que mi Padre ha hecho para ellos, para que quieran venir aquí. Te he escogido y ordenado para esta tarea por encima de las demás cosas que pudiera decirte en este día de estas cosas".

> **"Háblales a mis hijos sobre este lugar llamado cielo y las cosas gloriosas que mi Padre ha hecho para ellos".**

Tomó mi mano y comenzó a caminar conmigo como un padre lo haría con su hijito. Caminamos un poco más por la calle, y dijo: "Tengo muchas cosas que decirte. Volveré de nuevo contigo en poco tiempo. Tengo algo más que decirte, pero ahora mismo hay más cosas que quiero que veas, que seas testigo y experimentes más cosas. Dile a mi pueblo que vuelvo pronto. Les amo". Después, me dio un gran abrazo y me besó en la mejilla y dijo: "A ti también te amo".

Estiró sus manos delante de mí, y vi las heridas de los clavos. Las heridas estaban abiertas, brillando con una luz hermosa. Vi mi nombre escrito en su mano, casi como si un cuchillo lo hubiera grabado ahí.

Él dijo: "Mira, tu nombre está grabado en mi mano". Entonces supe lo que significaba el versículo:

Grabada te llevo en las palmas de mis manos; tus muros siempre los tengo presentes.   (Isaías 49:16)

Después, me volvió a mirar y dijo: "Tengo más cosas que decirte después". De nuevo, volvió a decir esto, y después dijo: "Ve con los ángeles. Te van a llevar a ver a más gente y más cosas. Tengo una cita, y me tengo que ir. Mi Padre quiere verme; debo irme. Yo siempre soy obediente a mi Padre". De repente, se había ido. Se perdió de mi vista y se fue. En una fracción de segundo, le vi a lo lejos en la distancia caminando y hablando con gente que iba hacia el trono.

Después los ángeles regresaron a mi alrededor.

La fuente de toda paz

A lo largo de esta maravillosa experiencia en el cielo, sentí una paz y tranquilidad como ningún ser humano en la tierra ha podido experimentar jamás. Nunca.

Varias veces, vislumbré en la distancia lo que podría llamar una fuente del tamaño de una montaña. No hay palabras adecuadas para describirlo, pero lo intentaré. La fuente era muy alta: podría tener unos quince kilómetros de circunferencia en su base. Arriba había otra estatua viva de Jesús. Él tenía una copa del altar en sus manos y la estaba levantando ante el trono de Dios, que estaba a lo lejos. Sus manos estaban extendidas hacia el trono de Dios, y el vaso que tenía estaba rebosando con algo que parecía la sangre viviente de nuestro Salvador, la cual vertió en el Calvario. Él estaba de pie encima de la fuente, suspendido en el aire.

También había allí una réplica de la cruz del Calvario. Jesús no estaba en ella; era el Señor de ella. Debajo de Él y de la cruz del Calvario había siete capas de escenas esculpidas en la piedra, la cual era blanca pura, casi transparente y viva.

Las escenas eran sobre el precio pagado en el Calvario y la redención de las almas perdidas. En las capas inferiores había escenas que contaban la historia redentora de la humanidad. De nuevo, las imágenes esculpidas estaban vivas y representaban una y otra vez la vida al completo de Cristo en la tierra. Esta es la mejor forma en que lo puedo explicar. Sólo puedo decirle lo que me enseñaron.

La sangre derramada de la copa del altar se convirtió en un torrente de agua pura y cristalina que parecía estar viva. Brillaba como joyas en el sol. Había una nube de gloria de (según me dijeron) la paz de Dios. Era la paz de su presencia, la cual sobrepasa todo entendimiento. (Véase Filipenses 4:7). Era el tercer lugar más hermoso y glorioso del cielo.

> *Había una nube de gloria de la paz de la presencia de Dios, la cual sobrepasaba todo entendimiento.*

El primer lugar más glorioso que vi era el trono de Dios, con Dios sentado en él.

El segundo lugar, igualado, era el Señor Jesús.

El tercero era la fuente de toda paz.

Había lo que parecían millones de personas simplemente brillando en su gloria. Su gloria llegaba a todos los rincones del cielo, y a toda cosa existente. Cuando paso por momentos difíciles, pienso en la fuente de la paz de Dios, y vuelvo a estar nuevamente en paz.

De nuevo, no hay palabras para expresarlo adecuadamente, aunque lo experimenté todo, una y otra vez.

EL ARCA VIVIENTE DEL PACTO

Me dijeron que me esperaban en el lugar de reunión. Los ángeles parecían estar ansiosos de que yo llegara allí. Había una emoción que vibraba por todo mi cuerpo.

Observé que la gente a mi alrededor estaba tan emocionada como yo al respecto, muy en mi interior. Fue un sentimiento asombroso. Me preguntaba qué es lo que iría a ver allí.

Entonces, Jesús estaba ahí de nuevo, y les dijo a los ángeles: "Llévenlo por el camino del arca viviente". Y en un abrir y cerrar de ojos, estábamos allí.

Vi que estaba de pie delante de una plataforma elevada, con un duplicado exacto del arca del pacto original. Otra estatua viviente de Cristo estaba suspendida sobre el arca, con su sangre preciosa goteando en la arena alrededor del arca. No era necesario decir nada más. Me puse a llorar de agradecimiento, y miles de otras personas estaban haciendo lo mismo. Es un monumento conmemorativo viviente al amor de Dios.

EL LUGAR DE REUNIÓN

A partir de mi séptimo cumpleaños, mi vida ha sido una serie de experiencias con Dios. Realmente nunca sabré por qué Dios me escogió, porque soy el hombre más común que jamás haya visto. Fue simplemente la voluntad de Dios para mi vida. He conocido a hombres y mujeres de Dios que han tenido experiencias similares, y ellos tampoco entendían porqué habían sido escogidos. Sólo Dios lo sabe.

En la tierra, yo había experimentado un encuentro muy poderoso con Dios en el que fui llevado al cielo, donde recibí una paz sobrenatural. Esa experiencia de paz se iba a repetir.

Sin embargo, primero fui llevado a un área arbolada, la cual estaba a cierta distancia de la ciudad de Dios. Estaba en el bonito campo, como a un kilómetro y medio de distancia de cualquier casa. A lo largo de toda la calle por donde caminamos a través de esta área arbolada había centenares de personas alegres disfrutando de reuniones festivas. Había lágrimas de gozo fluyendo de sus ojos.

Observé que algunas de estas personas se detenían y me miraban, diciendo: "Es el hermano Richard". Tuve la sensación de que nos habíamos visto, quizá en una reunión de avivamiento en algún lugar, así que les saludé y les dije: "Que Dios les bendiga".

Un niño de unos seis años de edad corrió hacia mí, y me abrazó y dijo: "¿Se acuerda de mí?". Yo no me acordaba al principio, pero enseguida me acordé. Dios de repente lo trajo a mi mente. Los ángeles sonrieron, y el ángel que hablaba dijo: "El niño era un niño paralítico que pudo andar después de la oración".

"Sí", dije. "Ahora lo recuerdo".

El niño dijo: "Acabo de llegar aquí. Jesús vino y me tomó. Mire, ya no estoy enfermo".

La gente comenzó a gritar: "Gloria", y eso me hizo pensar en la emoción de la tierra cuando está a punto de estallar un avivamiento.

"Le veré luego", dijo el niño mientras se marchaba corriendo hacia un grupo de niños que estaban jugando allí cerca.

Me llevaron a un anfiteatro. En su interior había asientos en un lado. Luego, hasta el techo, era como un cine. Donde habría estado la plataforma, había una ventana que llegaba desde el suelo hasta el techo y desde un lado del edificio hasta el otro. Se podía divisar todo el cielo; era algo impresionante.

Todo el mundo se sentó en una completa adoración silenciosa a Dios mientras esperaban a que alguien les hablara. Me dijeron que guardara silencio, pues nadie puede hablar ahí. El propósito de todos los que allí estaban sentados parecía ser contemplar la belleza del cielo. Me dijeron que este era el lugar de reunión. Aquí era donde se limpiaban todos los afanes que la gente tenía en la tierra. Todos salían de allí habiendo tenido su primer encuentro con la limpieza de la gloria del cielo.

Después, fui consciente de por qué había sido llevado allí. Cuando había ocurrido antes, mientras aún estaba en la tierra, había estado en una guerra con el diablo. Aquí, había sentido una paz y quietud que había hecho que el problema que estaba afrontando se derritiera. Caí postrado, y mi espíritu dentro de mí clamó: *Santo, santo, santo*. Era un *"gozo inefable y glorioso"* (1 Pedro 1:8, RVR).

> *El "lugar de reunión" celestial es donde son limpiados todos los afanes que la gente tenía en la tierra.*

12

La ciudad de Dios

De ti, ciudad de Dios, se dicen cosas gloriosas.

—Salmo 87:3

Yo había ido caminando en el camino hasta este punto, aunque había visto a otras personas flotar. Ahora, me ocurrió algo muy diferente: me elevé. Estaba subiendo por lo que parecían nubes, pero en verdad eran grupos de personas. Pude ver toda la ciudad. Cuanto más alto subía, más cielo podía ver, y era un lugar muy, muy ocupado. Desde la distancia, pude ver el trono de Dios.

Montañas con nieve y parques colgantes

Había montañas que debían de tener quince mil metros de altura. Tenían nieve que nunca se derretía, aunque la temperatura fuera siempre buena. Fui llevado a la base de una montaña.

Las montañas estaban cubiertas de parques colgantes. Observé lo que, según me dijeron, eran "transportes". Estos transportes flotaban como barcos en el cielo. Estaban hechos de madera tallada y metal. La gente se sentaba en ellos y hablaban con los demás mientras flotaban por algún lugar. En ellos, lo ángeles ministran bendiciones a la gente que viaja junta.

El mar de la gloria de Dios

Me llevaron al océano, al mar de la gloria de Dios. Era cristalino y parecía no tener fondo en algunas partes.

Había lo que parecían millones de personas en el agua y debajo del agua. Como dije antes, nadie se podía ahogar y la gente jugaba bajo el agua. Un hombre había construido un castillo de rocas en el fondo del océano.

En el cielo, hay transportes en los océanos, los mares y los cuatro ríos principales, así como hay en el aire. Son como barcos en el agua. Algunos son muy grandes. Algunos están hechos a mano con dichos de la Biblia escritos en ellos. Algunos los guían los ángeles. También hay transporte terrestre, que viaja por carreteras doradas. Parece que existen para que la gente se pueda sentar y disfrutar de la compañía unos de otros. Era como si estos vehículos fueran artilugios de pasatiempos de alguien que disfrutaba haciendo transportes.

LA CIUDAD CAPITAL DEL CIELO

Desde allí arriba en el aire, podía ver la ciudad de Dios. Había visto otras ciudades en el cielo. Por ejemplo, me habían mostrado un oasis que es una ciudad en una península que llega hasta el océano. Sin embargo, la ciudad de Dios parece ser la ciudad capital del cielo. Estaba construida alrededor del trono y contenía lo que parecían ser edificios de apartamentos muy bonitos. Vi una catarata que salía de un edificio. Había pueblos en los alrededores de la ciudad de Dios. Parecían estar a centenares de kilómetros de las afueras del cielo. Esos pueblos eran de muy diferentes estilos, al igual que ocurre en el mundo de hoy, pero todos estaban limpios y hermosos, con fuentes fluyendo por todas partes. Vi edificios suspendidos en el aire a miles de metros de altura. Es entonces cuando floté en lo alto en el aire y oí a los pueblos cantar sus canciones con una armonía perfecta.

LAS CAPAS DEL CIELO

En el cielo, se puede viajar a cualquier lugar en un instante de tiempo.

Parecía como si el cielo tuviera capas. Había una capa con atmósfera y miles de metros de aire, y luego había otra capa con atmósfera y miles de metros de aire. No sé cuán grande era. Fui llevado a una altitud de diez o doce mil metros, y eso era sólo un salto en el aire.

En el cielo, se puede viajar a cualquier lugar en un instante de tiempo. Puede dar un paseo relajado a las capas caminando por el aire.

JESÚS EN EL AUDITORIO

Dondequiera que iba, había ángeles y personas alrededor. A veces sólo unos cuantos, y otras veces grandes grupos. Estaban de pie hablando con gran gozo y adorando. A veces, se reían con una risa muy alegre, evidentemente por un ser querido que llegaba a casa o una promesa que se había cumplido. Y siempre estaban hablando de Jesús. Aún puedo verle yendo de aquí para allá entre esas personas.

Había un auditorio que era un centro de anuncios. El Señor mismo estaba ahí en la plataforma. También estaba conmigo, pero a la vez podía mirar hacia abajo y verle con grupos de personas caminando por el aire. En el cielo, Jesús es omnipresente, y al instante, en el momento preciso, Él estaba en la plataforma de ese auditorio, que parecía tener cabida para diez millones de personas. Miré, y Él estaba ahí, siempre, y ahora mismo.

La plataforma era muy bonita. Había un trono en ella, y creo que era donde Jesús estaba sentado antes de levantarse repentinamente. No había púlpito, pero había un área que era de oro y plata y tenía piedras preciosas. Había una fragancia, un aroma que era indescriptible, inmensurable, y era la fragancia de Dios mismo.

El auditorio era abierto al cielo. Además de la plataforma, había gradas y asientos muy bonitos hechos a mano que eran increíblemente cómodos. Cualquier cosa en la que uno se siente en el cielo, es cómoda para siempre.

De nuevo, el Señor de repente estaba ahí en la plataforma de oro, marfil, plata y un material que no reconocí. Recibí el entendimiento de que había otros teatros en el cielo donde se daban anuncios, pero este era el teatro donde Jesús anunció que iba a nacer de una virgen.

En algún lugar del cielo, hay una reconstrucción de la escena del pesebre y el nacimiento virginal para la gloria de Dios, una Navidad eterna que declara el milagro: Dios se hizo hombre.

Uno puede sentir la profunda compasión de Dios. Él hará todo lo que ha prometido en su Palabra.

En algún lugar en el cielo se puede sentir y oír el palpitante corazón de Dios, amando, añorando, agitándose; uno puede sentir su profunda compasión. Él hará todo lo que ha prometido en su Palabra. El sacrificio de su Hijo indica que Él estaba y está dispuesto a hacer cualquier cosa por redimirnos.

El que no escatimó ni a su propio Hijo, sino que lo entregó por todos nosotros, ¿cómo no habrá de darnos generosamente, junto con él, todas las cosas?
(Romanos 8:32)

A menudo pensamos que lo que contiene la Palabra es la suma total de lo que Dios hará por nosotros, pero no es así.

En un sentido, Dios se limitó a sí mismo cuando escribió su Palabra para nosotros. No incluyó todo lo que Él es y todo lo que puede hacer, porque Él es infinito. Mientras estemos en la tierra, no podremos entender o recibir lo que ha planeado para nosotros finalmente. No podemos llegar a entender la capacidad de Dios, pero en el cielo no hay límites.

Al que puede hacer muchísimo más que todo lo que podamos imaginarnos o pedir, por el poder que obra eficazmente en nosotros, ¡a él sea la gloria en la iglesia y en Cristo Jesús por todas las generaciones, por los siglos de los siglos! Amén.   (Efesios 3:20–21)

En el cielo, no existe el ayer ni el mañana, tan sólo existe el "ahora mismo". La situación de ahora mismo demandaba que Jesús estuviera en el auditorio, y ahí es donde estaba. Caminaba por la plataforma entre una atronadora alabanza y adoración que parecía durar eternamente. Fue algo glorioso.

Jesús estaba ahí de pie y miraba a la gente con mucho amor. Era maravilloso cómo los miraba y los amaba. Uno podía sentir el amor de la gloria *shekinah* que salía de Él. Era asombroso. De nuevo, no hay palabras.

Lentamente, la gente se fue aplacando, y un silencio santo se posó sobre el auditorio. Jesús estaba a punto de hablar. De repente, comenzó a hablar con una voz grave y profunda, el sonido que tantas veces he oído, como aguas que brotan, metálico. (Véase Ezequiel 43:2; Apocalipsis 1:15). Ahora no sé lo que dijo; no se me permitió recordarlo, pero sé que el tema era la eternidad y lo que significaba para Dios y lo que Dios tenía preparado para su pueblo. Era impresionante.

13

Misterios de Dios

¡Qué indescifrables sus juicios [de Dios] *e impenetrables sus caminos! ¿Quién ha conocido la mente del Señor, o quién ha sido su consejero?*

—Romanos 11:33–34

Como se podrá imaginar, yo tenía muchas preguntas. Había cosas que quería saber. Por ejemplo, vi otros niveles del cielo que no entendía. Cuando comencé a flotar en el aire, apareció otro nivel del cielo con tierra, edificios, y cielo, pero no pude verlo desde el primer nivel.

OTRAS TIERRAS, OCÉANOS Y MARES

Sobrenaturalmente, supe que había otros continentes, islas, océanos de agua dulce y mares lejanos. Los mares son grandes masas de agua rodeadas de tierra pero abiertas a los océanos. No se me permitió saber nada acerca de ellos, pero sabía que existían. Para mí, el cielo parecía un gran planeta, millones de veces más grande que el tamaño de la tierra. Las cosas eran tangibles, pero no físicas.

CAPAS INFINITAS

Si el cielo es un planeta, entonces es el planeta personal de Dios; y si el cielo es el planeta personal de Dios, entonces tiene multicapas, como mencioné antes. No importa dónde estuviera, yo podía ver el trono de Dios, a la distancia. Es el centro del universo, el centro de toda existencia. Es ahí donde todo comienza. Es impresionante.

Vi sólo cuatro de esas capas, pero parecían ser infinitas. ¡Qué grande es Dios! ¡Y qué grande es su universo! Hay vastos lugares en el cielo donde la gente nunca irá ni verá.

Preguntas adicionales

Por alguna razón, sólo pude hablar con unas cuantas personas. Había calles por las que yo quería caminar para ver otras cosas, pero no se me permitió. Había edificios en los que no pude entrar. Me dijeron que había algunos edificios en los que la gente nunca podría entrar.

De nuevo, me fascinaron los niños. Estaban muy avanzados y a la vez seguían siendo tan niños. Aparentemente, incluso en el cielo, la gente crece a diferentes ritmos.

Me preguntaba de dónde vendría la madera para los edificios, porque nunca se ha cortado ningún árbol en el cielo. ¿Quién hizo los ladrillos? ¿Qué se hacía en las fábricas? Eran enormes.

Supe que los árboles diadema fueron hechos antes de la creación de la tierra. Pensé para mí que podría llegar a saber la antigüedad de la tierra preguntando los años que tenían los árboles diadema. Eso iba a seguir siendo un misterio, porque no se me permitió saberlo. Pero tenían kilómetros de diámetro. ¿Habrían estado creciendo desde el comienzo de la creación? ¿O habían sido creados así?

Para mí era un misterio cómo los animales se comunicaban. Había pájaros cantando "Amazing Grace" ("Gracia asambrosa").

Yo sabía todos los lenguajes, además del lenguaje celestial, y podía hablar con cualquiera y entendernos perfectamente. ¿Cómo era posible?

Había allí gente que aún no había muerto. Había oído a otros decir eso sobre el cielo. Yo los vi, y me preguntaba por este misterio.

Continentes, océanos, edificios transparentes llenos de gente, cocinas sin fuego, fábricas sin corriente eléctrica, ángeles con fuerza sobrenatural. Los misterios seguían y seguían aumentando. Yo quería saber pero no se me permitía saberlo. Sabía que había algo, pero lo que era, no lo sabía. Pregunté y pregunté a los ángeles que me guiaban, pero regularmente me decían: "No lo puedes saber ahora".

Finalmente, tras muchas preguntas sobre los misterios que quería entender, el ángel a mi derecha, que era el que más hablaba, me miró y me dijo con firmeza: "Los misterios de Dios no son de tu incumbencia".

14

Cielo profético

*Miré, ¡y apareció un caballo blanco! El jinete llevaba
un arco; se le dio una corona, y salió como vencedor,
para seguir venciendo?*

—Apocalipsis 6:2

Hay áreas en el cielo que son proféticas: dibujan cosas que vendrán. Vi el tornado negro del juicio. Vi avivamiento y juicio.

Había un área profética que tenía un paisaje que se parecía a Colorado, con montañas, árboles, rocas y ríos. Tenía un púlpito de pino blanco. Salieron dos puños atravesando el cielo entre la gloria Shekihnah. La mano derecha era oro: la bendición de Dios. La mano izquierda era acero: el juicio de Dios.

SIETE SEÑALES PROFÉTICAS

Vi las cascadas de la gloria de Dios, una corriente de agua cayendo como vapor sobre la tierra. Nosotros aquí en la tierra podemos llegar hasta ese nivel. Podemos llegar a la llovizna de las cascadas de la gloria de Dios.

Y vi el maremoto: el último gran mover de Dios. Medía siete pisos de altura. Proféticamente, me dijeron siete señales:

1. El último gran mover de Dios será en lugares remotos, día y noche.

2. Aumentarán las señales y prodigios y lucharán contra ellos.

3. Las leyes de la física se suspenderán para que pueda fluir lo milagroso.

4. Las leyes del tiempo y el espacio se darán a conocer a todos los hombres.

5. El conocimiento del hombre aumentará y nunca será basado en cosas carnales.

6. La ola de siete mareas: el último gran mover de Dios romperá en las costas de la eternidad; la mayor parte será derramada sobre áreas rurales; "Yo busco a mi novia en lugares humildes; nací en un establo".

7. "Mi pueblo será consciente de ello en los días y semanas justo antes de mi regreso".

Grandes multitudes participarán en este avivamiento, el cual será a través de gente que le dará toda la alabanza al Señor. Viene para arrancar y destruir lo falso. Guardará a los fieles, y será la introducción de la venida de Cristo.

ANFITEATROS DE PROMESAS

Vi el anfiteatro de Abraham. Era como un campo de fútbol, pero centenares de veces mayor. Había una nube en el "terreno de juego". En la nube, pude ver todas las promesas que se habían cumplido por causa de Abraham. Las promesas eran para todo el mundo, no sólo para los judíos. (Véase Hechos 2:38–39).

Había lo que parecían dos o tres millones de asientos con nombres en ellos. La gente tenía promesas concretas, promesas relacionadas con el trono de David y el linaje de los reyes.

Cada uno de los patriarcas tenía un anfiteatro. Los ángeles ayudaban a la gente a recordar las promesas.

De camino al trono, vi el anfiteatro de David. No fui a su edificio, pero lo conocí cuando pasé por su lado. De algún modo, sentí en mi espíritu, sabía (en el cielo uno simplemente sabe las cosas) que era donde David y sus descendientes fueron a ver sus promesas cumplidas. Pero todo el mundo es bienvenido.

> **Las oraciones son un cargamento precioso y se tratan como tales. Ninguna oración se queda sin responder.**

Vi un edificio con la forma de un castillo como un cuerno de la abundancia. Era un Centro de oración. Los ángeles viajaban, entrando y saliendo del arco a la "velocidad de la luz". Atravesar los arcos era entrar en la presencia de Dios. Los ángeles llevaban incensarios dorados que contenían oraciones. Las sostenían por los cuencos de los incensarios. Las oraciones son un cargamento precioso y son tratadas como tales. Ninguna oración se queda sin responder, incluso las oraciones erróneas. Las oraciones se llevan ante el rostro de Dios.

Instantáneamente, los ángeles regresan a buscar más.

CAMPOS DE SUMINISTRO SOBRENATURAL

Me llevaron a un área donde miré hacia abajo y vi lo que parecían millones de millones de acres en cultivo. Hay enormes campos de grano en el cielo que se mueven constantemente con la brisa. Son un suministro sobrenatural para otros de varias clases. Hay una cosecha celestial que es profética.

En una época en la vida de mi abuelo, tuvo una tierra que había apartado para pagar los diezmos. Cuando no tenía dinero en efectivo, usaba los ingresos de las cosechas que crecían en esa tierra para sostener su iglesia. Llegó una sequía: el maíz no crecía; las judías no crecían, así que plantó trigo en su tierra porque decía que el trigo crecía en condiciones bastante secas. Ese año de la sequía, la tierra del "diezmo" produjo cañas de trigo de más de dos metros de altura. La gente de la zona lo veía y no podía explicar lo que había ocurrido, salvo que había sido la mano de Dios. Algunos dijeron que era una especie de trigo que nunca antes habían visto. La cosecha de ese campo, por sí sola, llenó el ascensor local de grano. Ese es el trigo que yo vi en el cielo.

Vi lo que parecían miles de miles de árboles llenos de frutas. Multitudes de personas iban a recoger fruta y se la llevaban en cestas. Se la llevaban a sus casas del cielo.

Hay un banco celestial a través del cual recibimos sobrenaturalmente lo que necesitamos en la tierra.

También hay un banco en el cielo: *nuestro* banco. Así es como funciona: cada vez que usted da algo, se registra en el cielo. Los ángeles van a una entrada con un papel. Reciben monedas doradas y las llevan a la tierra. Las monedas se cambian por lo que necesitamos en la tierra. Estas son las finanzas sobrenaturales.

CABALLOS EN EL CIELO

El libro de Apocalipsis nos dice que el Señor regresará montado en un caballo blanco. (Véase Apocalipsis 6:2; 19:11–16). A menudo me he preguntado acerca de esto. ¿Cómo sería un caballo blanco del cielo?

Me llevaron a un área donde había criaturas sobrenaturales semejantes a los caballos. Algunos de ellos tenían alas; algunos tenían capacidades que no tenemos en la tierra. Podían hablar en el aire si lo necesitaban.

Vi miles de carros y caballos hermosos que tiraban de ellos. Todos los caballos que vi eran totalmente blancos. Tenían pezuñas rojas: fieras pezuñas rojas carmesí, y unos orificios nasales enormes. Los caballos eran de un tamaño unas diez o quince veces mayor que los caballos más grandes que haya visto jamás en la tierra, y eran todo músculo, nada de grasa. No había nada derivado del caballo que limpiar, y no creo que comieran nunca. Estaban ahí con un propósito específico. Parte tenía que ver con el rapto de la iglesia. El profeta Elías fue llevado al cielo en un carro de fuego (véase 2 Reyes 2:9–11), y le puedo decir que había un carro allí que era el del Señor. Era mayor y más bonito que el resto, y tiraba de él el corcel más increíble.

También había otros animales sobrenaturales. Vi una bestia que tenía el cuerpo de un toro gigante, el cuello de un camello y la cabeza de un caballo. Había un ángel sentado sobre él. No me dijeron su propósito.

15

Clases de ángeles

Señor Todopoderoso, Dios de Israel, entronizado sobre los querubines: sólo tú eres el Dios de todos los reinos de la tierra. Tú has hecho los cielos y la tierra.

—Isaías 37:16

Hay gobiernos en el cielo, aunque es una teocracia absoluta. Dios gobierna sobre todo desde su trono, pero también da varias responsabilidades a la gente y a los ángeles, según su propósito.

Aunque todos los creyentes en el cielo son iguales espiritualmente, tienen diferentes funciones, y ciertas personas puede que sean responsables de supervisar grupos de personas de varios tamaños, dependiendo de lo que Dios les haya encomendado hacer. Sin embargo, todo se hace como una labor de amor, nunca con un sentimiento de superioridad sobre los demás. Este es el gobierno que existe entre los santos del cielo.

Los ángeles en el cielo también tienen diferentes rangos y tareas. Por ejemplo, la Biblia habla sobre el *"Príncipe del ejército de Jehová"* (Josué 5:14, RVR) y *"Miguel, uno de los príncipes de primer rango"* (Daniel 10:13). Vi al menos setenta clases de ángeles en el cielo. Siguen sus órdenes al pie de la letra.

Primero fui consciente de cuántas clases de ángeles había cuando caminaba por el camino dorado y olía la fragancia que renovaba mis fuerzas. Observé más y más ángeles de cada descripción y, creo, de cada rango. Estaban ocupados con las personas, y eran hermosos y estaban en todas partes. Algunos estaban en grupos, y otros a solas. Todos estaban ocupados con los asuntos del cielo. Mientras lo hacían, se detenían cada pocos metros e inclinaban sus cabezas, dando una alabanza y adoración silenciosa a Dios.

> *Los ángeles de Dios son hermosos y están por todas partes. Están ocupados con los asuntos del cielo.*

Pero me di cuenta de algo, como mencionaba antes: en el cielo no existe el mañana ni el ayer. Era y es siempre un ahora mismo.

Le pregunté a uno de los ángeles cómo se mide el tiempo en el cielo. Me miró con una expresión de rareza en su rostro, y dijo: "¿Te refieres al tiempo como tú lo conoces?".

"Sí".

Después prosiguió: "El tiempo aquí no se mide en cosas tan triviales como años, sino en eras donde la gloria de Dios gira para siempre".

Eso zanjó ese tema rápidamente.

Los ángeles cobraron un nuevo sentido para mí. Las clases de ángeles parecían ser miembros de una familia. Algunos llevaban camisetas con cordones. Algunos vestían pantalones. Otros tenían zapatos. Su cabello nunca era más largo que sus orejas. Ninguno tenía la cabeza rapada, pero algunos tenían barba. Parecían como si tuvieran unos treinta años en términos humanos.

Vi algunos ángeles que parecían de unos cuatro o cinco metros de altura y eran tan anchos como cuatro o cinco de los defensas más grandes de cualquier equipo de la Liga de Fútbol Profesional. Algunos tenían espadas, y otros no, pero todos eran enormes. Me dijeron que eran ángeles guerreros de camino a la batalla. Me detuve, incliné mi cabeza y me eché para atrás un poco. Pero los ángeles que estaban conmigo y la voz detrás de mí con un gentil toque (de nuevo, creo que era Jesús) dijo: "No hay por qué tener miedo. Se ocupan de los asuntos del Padre".

ÁNGELES ARCHIVADORES

Luego observé a otros grupos de ángeles. Algunos eran altos y delgados. A uno de ellos ya lo había visto antes en varias visiones que había tenido en mi vida. Estaba ahí. Era la primera vez que le veía. Estaba de pie a un lado observando todo lo que yo hacía y escuchando todo lo que decía, y tenía un gran libro. Estaba escribiendo en él con una pluma que debía tener unos dos metros de longitud (era enorme y dorada). El libro en el que escribía estaba hecho de algún tipo de material dorado y debía de pesar varios centenares de kilos de la tierra, pero él lo sostenía con su mano izquierda, y escribía con la derecha. Era como si no le pesara nada.

Sé que le había visto antes. Ahora bien, la Palabra nos dice que Dios archiva cada pensamiento y cada obra y cada acción que hacemos en la tierra, (Véase, por ejemplo, Hebreos 4:13). Le estaba dando vueltas a esto cuando vi que este ángel estaba escribiendo. Ahora entiendo que cada persona tiene un ángel o ángeles para archivar todo lo que él o ella dice o hace, y Dios lo conoce.

En el libro de Apocalipsis, encontramos que "los libros están abiertos".

Vi también a los muertos, grandes y pequeños, de pie delante del trono. Se abrieron unos libros, y luego otro, que es el libro de la vida. Los muertos fueron juzgados

*según lo que habían hecho, conforme a lo que estaba
escrito en los libros.*   (Apocalipsis 20:12)

Los ejércitos de Dios: ángeles guerreros

Vi lo que llamo los ejércitos de Dios. Fui llevado a un
área muy grande que no estaba en la ciudad. No sé dónde
era, y no sé en qué parte del cielo estaba, pero fui llevado
allí en un instante. Yo estaba en el aire, y miré hacia abajo
a posiblemente centenares de miles de ángeles alineados en
rangos y en unidades. Parecían soldados preparándose para
un desfile.

Supe (lo entendí sobrenaturalmente) que estaban de pie
justo donde Dios los había posicionado cuando los creó para
sus propósitos. Eran los ángeles guerreros, y saldrían del
cielo y descenderían para librar batallas por nosotros.
Después, volverían al cielo y permanecerían en formación
hasta que se les volviera a necesitar. Algunos de ellos tenían
espadas que parecían de unos cinco metros de longitud y
estaban encendidas. Las espadas parecían estar hechas de
algún material inflamable. Estos ángeles no eran lo que usted describiría como altos y delgados, como los que yo había
visto en otras partes del cielo. Tampoco te-
nían una mirada amigable o amable, como
otros ángeles que había visto en el cielo y
aún veo hoy.

*Los ángeles
guerreros
de Dios
descienden a
la tierra para
librar batallas
por nosotros.*

Ya había visto antes a estos ángeles
guerreros. Dios me los había mostrado en
la tierra, pero no tan a menudo como otros
tipos de ángeles. Estos eran ángeles temi-
bles vestidos con atuendos de guerra. No
tenían cascos, pero tenían unos escudos
enormes, espadas encendidas y lanzas que medirían unos
diez metros de longitud. Debían de medir unos siete metros

de altura y pesarían un cuarto de tonelada, según las medidas humanas. Eran ángeles enormes y musculosos. Se parecían a Míster América, ¡pero bastante más grandes!

Algunos de ellos tenían túnicas de manga corta, mientras que otros tenían túnicas de manga larga. Algunos estaban vestidos con algún tipo de túnica y uniforme de pantalón con cordeles alrededor del cuello. Otros estaban vestidos sólo con luz.

Tenían armas sobrenaturales que no sé cómo explicar. Sabía que algunos de ellos podían decir palabras y hacer que naciones enteras se derrumbaran y cayeran al mar. Estaban armados, algunos con palabras, algunos con espadas, otros con lanzas que tenían propósitos especiales, y todos con el poder de Dios. Y conocían su trabajo, sus trabajos altamente especializados. Nadie tenía que decirles *cómo* hacerlo. Dios les había dicho *dónde* hacerlo.

Todos los ángeles que vi estaban muy especializados, y cada uno tenía un propósito específico. Algunos de ellos estaban vestidos con el poder para mover la tierra, otros estaban vestidos con el poder para traer juicio, pero todos tenían el poder de defender y guardar a los hijos de Dios.

Miré hacia abajo y dije: "Mira esos poderosos ángeles".

Los ángeles que estaban de pie conmigo miraron con atención y dijeron: "Contempla a los ángeles guerreros de Dios. Son poderosos para destruir las fortalezas del enemigo". (Véase 2 Corintios 10:4, RVR).

Observé que todas sus manos estaban revestidas de poder, y pregunté: "¿Por qué tienen las manos encendidas?". Me dijeron que estaban listos para acudir en cualquier momento y batallar contra los poderes del diablo que nos asaltan. Están listos en cualquier momento para acudir y ponerse manos a la obra para librarnos del poder del diablo. El poder de Dios está en sus manos para lograr todo lo que Él quiere que hagan.

Eran poderosos, y estaban alineados en filas: centenares de centenares de ellos. Los miré y supe que estaban listos para pelear por nosotros en el instante en que mencionemos el nombre de Jesús.

Vi miles de ellos yendo y viniendo de sus filas en el lugar donde estaban de pie para acudir y hacer batalla en la tierra. Salían de sus filas casi a la velocidad de la luz y desaparecían. Sabía que iban a la tierra a ayudar a alguien.

¡Es increíble el poder de Dios que hay a nuestra disposición! ¡Si supiéramos lo mucho que los ángeles tienen que ver con nuestra victoria y cómo Dios quiere que tengamos victoria siempre!

ÁNGELES DADORES DE SABIDURÍA

Vi que había multitudes y multitudes de ángeles en otro lugar que se nos dieron para obtener sabiduría. Iban a la biblioteca del conocimiento de Dios y obtenían sabiduría y nos la traían, o a veces iban con una instrucción especial para hacer que se cumpliera en la tierra.

> *Hay multitudes de ángeles cuyo propósito es llevar la sabiduría de Dios a la tierra.*

También vi que el Espíritu Santo estaba al frente de todo; Él dirige, guía y da instrucciones a los ángeles. Los ángeles no actúan por cuenta propia, sino sólo bajo los auspicios del Señor Jesús y el poder del Espíritu Santo. Sólo el nombre de Jesús puede liberar a los ángeles para nosotros. Cuando mencionamos el nombre de Jesús en nuestras oraciones, el Espíritu Santo inmediatamente comienza a dirigir la acción y los ángeles de Dios para que entren en acción a nuestro favor.

ÁNGELES PROTECTORES

Vi que cada persona que nace de nuevo no tiene sólo uno o dos ángeles. Hay literalmente legiones de ángeles que están a disposición del Espíritu Santo para socorrernos. Vi ángeles que estaban a cargo del tiempo, y vi ángeles que estaban a cargo de la protección.

Muchas veces en mi vida, Dios me ha enviado ángeles. Una vez, mientras íbamos conduciendo, recibí una visión de ángeles montados en unos caballos preciosos, y viajaban con nosotros al lado de nuestro automóvil. Pude verlos al igual que los vi en el cielo, y también pude oírles. Habíamos estado orando por protección, y mi esposa estaba conduciendo. De repente, mis ojos y mis oídos espirituales fueron abiertos, y oí a uno de los ángeles que me decía: "Puedo ir más rápido que tú". Pensé que era extraño, y se lo conté a mi mujer. Ella me dijo que había estado pensando: *Me pregunto qué pasaría si piso el acelerador.* Los ángeles estaban escuchando. Es importante que nosotros, como hijos de Dios, mantengamos nuestros pensamientos y nuestras palabras puros, y que permitamos a Dios que actúe por nosotros.

ÁNGELES PARA TODOS LOS PROPÓSITOS DE DIOS

Vi lo que parecían millones y millones de ángeles para todos los propósitos que Dios tiene para el cielo, pero no se me permitió verlos a todos. Los ángeles no me hablaban a menos que fuera la perfecta voluntad de Dios para ellos el hacerlo. Ellos son totalmente obedientes a Dios.

Siempre que Jesús estaba cerca, los ángeles se levantaban en atención y le miraban con la mayor adoración. Se postraban a sus pies si Él quería hablarles. De hecho, estaban ahí para servirnos como hijos de Dios y para servir a Dios en cualquier cosa que Él deseara. Eran vigorizados para hacer eso. Podían hacer cualquier cosa que Él quisiera que hicieran.

Hospedando ángeles inconscientemente

De algún modo supe que había otras áreas en el cielo donde no podía ir y que había otras clases de ángeles que no se me permitía ver: diferentes tipos. No se me permitió saber nada sobre ellos, pero sé que algunos de los ángeles adoptaban forma de personas e iban a la tierra. La Biblia nos dice que puede que hayamos hospedado ángeles sin saberlo:

> *No os olvidéis de la hospitalidad, porque por ella algunos, sin saberlo, hospedaron ángeles.*
>
> (Hebreos 13:2, RVR)

Ciertamente, todos hemos oído historias de personas que creen haberse encontrado con ángeles de esta forma. Vi que los ángeles que adoptaban la forma de personas venían del cielo para realizar el propósito que Dios les encomendó.

16

Castillo de sueños

Deléitate asimismo en Jehová, y él te concederá las
peticiones de tu corazón.

—Salmo 37:4

Mi ángel acompañante a mi derecha dijo: "Te he traído aquí para observar esta porción del cielo". No dijo más, y no diría más. El ángel de mi izquierda, que normalmente hablaba muy poco, inclinó su cabeza en profundo respeto y adoración y comenzó a alabar al Señor. Yo guardé silencio. Sólo quería hacer lo mismo.

Inmediatamente, delante de mí estaba el castillo más grande que podría imaginar. Estaba suspendido en el aire a muchos miles de metros del suelo, y había montañas alrededor. Era el castillo más bonito que se pudiera imaginar, y era completamente cristalino.

El castillo tendría kilómetros en todas las direcciones. Desde fuera, no se veía a nadie dentro, aunque se podía ver a través de él. Sin embargo, cuando pasé por las enormes puertas, vi que estaba lleno de miles de personas. Esas "personas" parecían seres celestiales que cuidaban de los asuntos del castillo. También había grandes habitaciones de libros, con miles de ángeles cuidándolos.

Había tres árboles diadema en el patio. Eran más pequeños que el primero que había visto, pero igual de espléndidos. El ángel dijo: "Recuerda esto", y de repente, nos habíamos ido.

En ese momento no entendí el significado del castillo. Pero más tarde, el Señor me llevó dentro y habló conmigo. "¿Te acuerdas del castillo de cristal en el cielo?", me preguntó. "Es el lugar donde se guardan y se cumplen las esperanzas y sueños de mi pueblo". Dios guarda las esperanzas y los sueños que quiere cumplir en nuestras vidas.

El castillo de sueños es donde las esperanzas y los sueños del pueblo de Dios se guardan y se cumplen.

Mientras estaba allí, sabía el nombre del castillo, pero fue borrado de mi mente. Lo único que sé es que hay un lugar donde las esperanzas y los sueños que Dios nos da se almacenan para nosotros. Los ángeles son muy respetuosos cuando están ante las esperanzas y los sueños que Dios tiene para nosotros. Ellos se postran.

"Ahora, es la hora de tu cita ante el trono". Se postraron sólo de pensarlo. Después, simultáneamente se pusieron en pie, erectos y atentos. El ángel me habló: "Ha llegado tu hora de ir al trono".

17

El trono de Dios

¡La salvación viene de nuestro Dios, que está
sentado en el trono, y del Cordero!

—Apocalipsis 7:10

Al instante, estábamos en el trono de Dios. En el momento que llegué allí, entendí que todo en el cielo fluye hacia y desde el trono. Marcaba el ritmo como una dinamo. Todo era atraído hacia el trono. Todo tenía su ciclo alrededor del trono.

El edificio del trono era enorme, más allá de mi capacidad de entenderlo. Era el edificio más grande del cielo. Parecía tener varios centenares de kilómetros de ancho y al menos setenta kilómetros de alto, y tenía un techo abovedado. Había estatuas vivientes con llamas que salían de ellas, y había columnas que tendrían unos diez o doce metros de anchura.

Escalones hacia el trono

Miles de escalones llevaban al trono. No sé el número exacto, pero sé que cada escalón era significativo y profético.

Al comenzar a subir la escalera, vi a centenares de miles o quizá millones de personas entrando y saliendo del trono. Estaban adorando y alabando a Dios. Una persona dijo: "Él es todo lo que yo pensaba que era y mucho más". Oí a otra persona decir: "Lo único que quiero es regresar otra vez", a lo cual le respondieron: "En el tiempo oportuno de Dios, volverás aquí".

Mil escalones hacia arriba, y cada escalón tenía un propósito.

Cuanto más cerca estaba del trono, más magnífico era todo.

Algo me hicieron para poder soportar la presencia de Dios. Cuanto más me acercaba, más magnífico era todo. La proximidad hace que las cosas tangibles en el cielo sean aún mucho más espléndidas.

El área de entrada, o la puerta de acceso, tenía columnas. El número de columnas también era profético. Como todo lo demás, eran enormes, y no tenía ni idea de cuántas había. Había columnas adicionales que eran tremendamente altas, como de un kilómetro de anchura. Estaban en la entrada que llevaba al trono.

De repente, habíamos pasado las columnas. Había millones multiplicado por millones de personas postradas en los suelos orientados hacia el trono de Dios, que de algún modo miraba a todas las direcciones a la vez. El trono tendría unos cuarenta kilómetros de altura. Desde cualquier parte del cielo, se puede ver el trono de Dios.

Postrado ante Dios

El trono aún estaba bastante lejos, a mucha distancia, pero incluso a esta distancia, los ángeles le admiraban y se postraban. Me di cuenta de que estaba postrado ante Dios, y que lo único que quería hacer era adorarle y alabarle.

El trono estaba hecho de algún tipo de material pesado. Era cristalino, pero parecía estar hecho de oro, y marfil, y plata, y piedras preciosas, y joyas, todo reluciente. Desprendía algo parecido a rayos de luz, los cuales salían del material del que estaba hecho. Grandes olas de gloria lo cubrían, fuego líquido atravesaba el material del edificio, y el edificio mismo producía rayos de gloria.

Algo les había ocurrido a mis ojos, y podía ver las cosas de Dios, pues de lo contrario hubiera sido demasiado brillante para mis ojos naturales.

DIOS EN EL TRONO

Desde esa distancia podía saber que había un Ser en el trono, pero estaba cubierto por una nube de gloria que emanaba de Él: un fuego envolvente y consumidor que era la gloria de Dios mismo. Él moraba en un fuego de gloria.

El fuego debe de haber sido lo mismo que vio Moisés en la zarza ardiente. Sea lo que fuese, rodeaba al Ser en el trono. Yo sabía que había un trono, y sabía que había un Ser en el fuego, y sabía que Él me estaba mirando.

Me sentí como un grano de arena en la orilla del mar, y quería gatear por debajo de las demás personas. Estaba realmente en la presencia del Dios todopoderoso.

Un temor reverente descendió sobre mí, no miedo sino temor reverente de estar en la presencia del Dios todopoderoso. Increíble. El temor reverente cayó sobre todos los que acercaron más al trono.

No me podía levantar.

Miles y miles de personas entraban y salían. Había millones de personas alrededor del trono adorando a Dios. Algunos estaban de pie, y no sé bien por qué. Quizá ya habían estado postrados o Dios les había ordenado que se levantaran, pero la mayoría estaban postrados rostro en tierra ante Dios, agradeciéndole lo que Él había hecho por ellos.

Ninguno de nosotros está ante Dios por méritos propios, sino sólo a través de la justicia de Cristo aplicada sobre nosotros: *"Porque Cristo murió por los pecados una vez por todas, el justo por los injustos, a fin de llevarlos a ustedes a Dios"* (1 Pedro 3:18). *"Cristo Jesús, a quien Dios ha hecho nuestra sabiduría—es decir, nuestra justificación, santificación y redención"* (1 Corintios 1:30).

Dentro de la sala del trono había siete grandes pilares, y después había nueve pilares de una sustancia cerca de Dios. Creo que son los dones del Espíritu.

Había un atrio interior rodeado de pilares. También había un área pavimentada con millones de personas postradas (algunos de espaldas), todos mirando al trono. El pavimento era como el pavimento sobre el que Jesús había estado de pie, con centenares de miles de acres de joyas incrustadas.

El trono tenía un fundamento, pero no se me permitió saber más.

CARBONES DEL ALTAR DE DIOS

Al acercarme más al trono, observé un área con una barandilla. De hecho, había tres niveles de barandillas. A los seres humanos no se les permitía ir más allá de ellas. Las barandillas están hechas de oro y algún otro tipo de material que irradia la gloria de Dios y puede que sea igual a la gloria de Dios. Los ángeles estaban de pie junto a las barandillas.

Alrededor del área había piedras encendidas; piedras vivientes con forma de patata daban una gloria Shekihnah azul y ámbar. Eran del altar de Dios y ni siquiera llegaban al metro de diámetro. Parecían como carbones del altar de Dios, y en cada una de ellas había un nombre. Mi nombre estaba en uno de esos carbones ante el altar de Dios. De nuevo, al instante estaba postrado ante Él. Lo único que quería hacer toda la eternidad era darle gloria, honor y alabanza a Dios. El sentimiento se multiplicó por millones de veces, siendo cada vez más fuerte, pero es el mismo sentimiento que tengo ahora, en la tierra, cuando estoy en una oración profunda y buscando a Dios: no quiero salir.

La gloria de Dios

Mientras estaba en la nube de gloria, no se me permitió mirar muy lejos. Cuando intentaba alzar mi cabeza, algo la empujaba hacia abajo. No era como si pudiera ver a Dios con claridad, no podía, pero sabía que había un Ser en el trono.

De nuevo, nunca vi a Dios claramente, no se me permitió verle salvo uno de sus pies. Su pie era del tamaño de los Estados Unidos, y su dedo parecía del tamaño de Tennessee. No entiendo cómo podía ser, pero esa fue mi impresión. Estas son sólo palabras intentando describir lo indescriptible.

La Palabra declara: *"Así dice el Señor—El cielo es mi trono, y la tierra, el estrado de mis pies"* (Isaías 66:1). Ahora entiendo cómo el mundo podía ser el estrado de sus pies.

La gloria con la que Él estaba vestido emanaba de Él, y sonaba como millones de millones de dinamos de corriente a toda velocidad.

Fush.

Fush.

Había olas y olas de corriente eléctrica. Sobrenaturalmente, sabía que estas olas de poder eran respuestas a la oración de alguna persona. Dios responde la oración desde su gloria.

Después, había un área elevada detrás de esta magnificencia. Había seres en el trono, y llamas entrando y saliendo. Alrededor del trono había criaturas aladas que volaban alrededor, dando muchas vueltas y diciendo: "Santo, santo, Señor Dios Todopoderoso". De hecho, les vi haciendo sólo eso, pero no puedo describirlos. Sé que cada vez que rodeaban el trono, veían un aspecto diferente de Dios. Él se les revelaba totalmente. (Véase Isaías 6:1–3; Apocalipsis 4:6–8).

Del trono fluían cuatro ríos. Salían de la nube de gloria y limpiaban los carbones del altar de Dios pero no los apagaban; no se producía ningún sonido, no se podían apagar. Los ríos salían como uno del trono, cruzaban el pavimento y luego seguían a las áreas preparadas para ellos convirtiéndose en cuatro corrientes de agua distintas. Los ríos pequeños tendrían casi un kilómetro de anchura. Fluían a través del cielo y parecían insondables. Uno de los ríos era el fluir de la misericordia y la gracia de Dios.

Todo este tiempo, vi edificios conmemorativos de la gloria de Dios por lo que ha sido hecho. Vi a Jesús hablando con otros, y a su vez siempre parecía estar detrás de mí. Había algo parecido a un caparazón de goma en el trono de Dios. Jesús estaba ahí. Me miró, y yo no tenía palabras. Aún no puedo describir cómo me sentí cuando me miró. Parecía importante para Él que yo le observara. Todo en el cielo le observa, pero por alguna razón Él quería que yo recordara esto. Le miré, y sonrió.

¡Guau!

Hay un versículo que dice que no temamos a los que pueden destruir el cuerpo, sino que temamos al que puede destruir el cuerpo y el alma en el infierno. Es solamente Dios. Él tiene el poder de la eternidad.

> *Y no temáis a los que matan el cuerpo, mas el alma no pueden matar; temed más bien a aquel que puede destruir el alma y el cuerpo en el infierno.*
>
> (Mateo 10:28, RVR)

Delante del trono vi un lavacro, o palangana, llena de la sangre de Jesús.

Plasma líquido, olas de gloria fluían del trono. Las esperanzas y deseos de todo el que ha vivido jamás fluían al trono. Y del trono fluía el amor de Dios y las respuestas a nuestras oraciones. Todo estaba ahí.

Observé que la gente que estaba en el cielo no necesariamente llegaba a ver a Dios enseguida. A veces, tenían que esperar mucho tiempo. Creo que tienen que estar ahí durante un tiempo para poder aguantar el hecho de estar en su presencia. Pasa algo cuando se come el fruto y se huele el aroma de esas hermosas hojas al entrar al jardín que te ayuda a aguantar la misma presencia de Dios, que impide que uno se derrita.

Nuestras esperanzas y deseos fluían al trono, y el amor de Dios y las respuestas a nuestras oraciones fluían desde el trono.

Había olas de amor líquido saliendo de Dios. La fragancia nos asfixiaría en la tierra, pero el aroma de la presencia de Dios es increíblemente bueno. A veces, en los servicios de avivamiento de aquí, he notado una fragancia celestial que ha sido liberada. Lo hemos olido muchas veces, pero no con la intensidad que hay en un lugar llamado cielo.

De la gloria de Dios vi una bocanada de humo que pasó por mi lado como un gran avión: millones de dinamos. Era mi unción que estaba siendo enviada.

Vi a los ángeles que llevaban oraciones. Tenían la sustancia de Dios enviada con una respuesta. Todo, todas las respuestas, están diseñadas en base a su gloria.

Cuando es la hora de salir del trono, uno emigra de nuevo a lo que tiene que hacer. Cada persona tiene un propósito diseñado por Dios.

Una paz y tranquilidad increíbles

Estuve ante el trono durante un buen tiempo, según creía yo, pero de repente ya no estaba allí. Me habían sacado del trono porque no podía andar. Estaba brillando con luz y tampoco podía hablar. Pero no era el único en este estado. Todo el que venía del trono estaba en las mismas condiciones, y todos estábamos dándole a Dios la gloria.

Una paz y tranquilidad increíbles.

Indescriptibles.

Después el ángel me dijo: "Tienes una cita con el Señor".

Al instante, me encontraba en algo parecido a un parque, viajando a la velocidad del pensamiento hacia algo como un cenador.

18

Una audiencia con el Señor

*El que está en ustedes es más poderoso que el que
está en el mundo.*

—1 Juan 4:4

Oí una voz que decía: "Estás destinado a una audiencia
con el Señor".

Jesús estaba en pie en una plataforma en un cenador.
Pesaría unos 80–90 kilos en términos terrenales, y tenía
una barba rojiza o marrón. Tenía cicatrices en su rostro y
su cuello, heridas abiertas que no se habían curado. Sus pies
también tenían cicatrices. Llevaba una túnica sin costuras
de luz y estaba envuelto en una nube de luz de gloria.

Había asientos alrededor del cenador. El Señor se giró, y
su atención se centró en otra cosa. Cuando se giró, caí rostro
en tierra. El poder de Dios me dejó noqueado.

De algún modo, Él me puso en pie nuevamente. Me debió
de tocar. Los ángeles también estaban postrados, y Él les
dijo algo, pero no lo recuerdo.

"Siéntate. Tengo algo que decirte", me dijo. Había una
silla dorada; otra vez, era como de hierro forjado.

Jesús me dijo: "Cuando eras un niño, me acerqué a ti".

Cuando yo tenía siete años, vi a Jesús descender por una
escalera dorada. Cuando tenía cuatro años, fui llevado al cielo mientras estaba en casa de mi abuelo. Mi abuelo era un
caballero y un lector de la Biblia. Era ahijado del evangelista
Billy Sunday; eran grandes amigos. Ese día, yo había salido

a cazar saltamontes antes de que mi abuelo y yo nos fuéramos a pescar, porque me había dicho: "Es mi hora de orar". Se sentó orando y viéndome desde la ventana del salón. Recuerdo agacharme para atrapar un saltamontes, y lo siguiente que vi es que estaba en el cielo de pie ante el trono de Dios. Nunca lo olvidaré: había tapices morados por todas partes y grandes columnas. Jesús estaba sentado en el trono, y me miró y sonrió, y dijo: "Nunca bebas, ni fumes, ni peques, tengo reservado un trabajo para ti más adelante". Luego recuerdo saltar, y no sé durante cuánto tiempo me quedé en esa postura, pero cuando volví a mirar de nuevo a la ventana, vi que mi abuelo tenía una gran sonrisa en su rostro porque sabía lo que había ocurrido. Probablemente oró por ello y luego oró durante ese rato. Se lo conté, y se emocionó mucho.

> *Jesús estaba sentado en el trono, y me miró y sonrió.*

Ahora, en mi audiencia celestial con el Señor, Jesús me dijo: "Te he llamado como profeta a las naciones. De diversas formas, has tenido éxito; de muchas formas el enemigo te ha obstaculizado y vencido, pero no temas, yo le he vencido. Yo estaba ahí cuando naciste, yo estaba ahí cuando tenías cuatro años y el enemigo intentó destruirte".

De niño, contraje sarampión, escarlatina y otras enfermedades. El doctor me desahució. Mi madre me acunaba mientras mi papá estaba trabajando en el campo. De repente, la casa se llenó de humo como si hubiera un incendio, pero no olía a incendio. Mi madre clamó: "Dios, si salvas a este niño...". De la nube salieron dos manos que me sanaron.

"Hijo, voy a llevarte al otro sitio", dijo Jesús. "Quiero hacer más a través de ti. Richard, necesito tu ayuda. Fuiste diseñado para ser más de lo que eres. Esto es el cielo, donde quiero que venga mi pueblo".

Miles de personas estaban oyendo lo que Él me decía. Me habló sobre personas que actualmente estaban en mi vida y sobre las que más tarde vendrían a mi vida. Me dijo algunas cosas sobre mi vida muy personales y privadas. Me contó algunos de los dolores y problemas que tendría, las cosas por las que pasaría:

"Una es y no será, y una está próxima a ocurrir".

"Cuidado, el enemigo te enviará a la gente errónea".

Jesús dijo que los grandes avivamientos estaban a punto de brotar en su iglesia.

Jesús dijo que los grandes avivamientos estaban a punto de brotar en su iglesia. Él iba a hacer brotar grandes avivamientos en lugares pequeños, y yo estaría en la tierra para verlos. También me habló de muchas otras cosas.

Extendiendo sus manos estiradas, hizo un gesto y dijo: "Todo es tomado y unido".

19

El otro lugar

No teman a los que matan el cuerpo pero no pueden matar el alma. Teman más bien al que puede destruir alma y cuerpo en el infierno.

—Mateo 10:28

"Ven. Mi Padre quiere que veas el otro lugar", dijo Jesús. Inmediatamente, sentí temor y no quería ir. Jesús me miró y dijo: "No existe la desobediencia en el cielo", y estuve listo para ir. Supe que, como estaba con Jesús, estaría perfectamente a salvo.

Jesús me levantó y me tomó y me llevó como un bebé. No había flaqueo en su cuerpo; era duro como el acero. Tiene brazos poderosos, es el Ser más fuerte del universo.

Al instante, descendimos a un hedor sucio y asqueroso, como un cadáver en descomposición. Enterré mi rostro en su túnica.

"No querrás ni verlo", dijo, y tuve miedo. Tenía mis dos brazos alrededor de uno de los brazos de Jesús. Descendimos a un área plana, y yo estaba a las puertas de una destrucción total.

> *Supe que, como estaba con Jesús, estaría perfectamente a salvo.*

Rápidamente me di cuenta de que el infierno es exactamente lo opuesto de todo lo que es el cielo. Las puertas eran tan grandes como las puertas del cielo, pero estaban hechas de un material negro. Recuerdo escaleras, y había seres espantosos y grotescos tan altos como los ángeles que guardaban las puertas del cielo. Algunas figuras de dibujos de demonios se acercan a lo espantosas que eran estas criaturas. Cuando vieron al Señor, gritaron horrorizados.

También había llamas de castigo. Sentí la muerte y la desesperación allí. Oí a gente clamando. Parece que los demonios toman a la gente y la torturan al mismo nivel de dolor en el que están los mismos demonios, o peor. La gente estaba desnuda, y no había ninguno allí que no fuera los suficientemente mayor como para saber lo que era el pecado. No había bebés.

Jesús me instó a contar a la gente lo que vi. "Quiero que hables a otros de este lugar y les adviertas que, a menos que sean lavados con mi sangre, a menos que nazcan de nuevo, es aquí donde pasarán la eternidad".

Había demonios por todos lados, gritando, gritando, gritando por la presencia de Jesús. No soportaban estar en su presencia. En el instante en que le vieron, gritaron y corrieron de terror.

Había personas pidiendo y rogándole a Jesús que les sacara de ahí, pero Él no les oía porque el juicio estaba dispuesto. (Véase Hebreos 9:27).

No puedo describir todo lo que vi porque me hace enfermar. No quiero recordarlo, pero puedo decirle que es un absoluto horror.

Cuando usted muere, tiene un cuerpo espiritual. Este cuerpo espiritual tiene las mismas propiedades que su cuerpo físico tenía cuando estaba vivo. Usted es un ser espiritual, pero a la vez están presentes todos los sentidos físicos.

Vi a gente en el infierno que no era más que esqueletos andantes con carne de algún tipo colgándoles, pudriéndose.

Había gusanos, y el olor era insoportable. La gente era violada, había serpientes que se comían y digerían partes de personas; después la gente era restaurada y todo se volvía a repetir.

Presencié casos de personas siendo desgarradas por demonios. Partes de su cuerpo colgaban en piedras y rocas, y los demonios tomaban esas partes y se las comían y se las ofrecían unos a otros. Y luego el cuerpo otra vez se arreglaba para que se pudiera repetir el proceso.

Una muchacha fue obligada por los demonios a meterse en su boca carbón encendido mientras ellos se burlaban: "Realmente pensabas que te saldrías con la tuya".

Había grupos de personas en pequeñas jaulas que estaban encendidas. Las personas eran introducidas en jaulas pequeñas ardientes que luego metían en un lago de fuego. Sin embargo, sus cuerpos no se consumían. Los cuerpos nunca se consumían; eran mitad esqueletos, mitad seres.

Los demonios vertían fuego líquido sobre la gente. Había lo que parecía como pozos de carbón ardiendo.

La gente tenía cáncer, con todo su dolor y sufrimiento, para siempre.

Un hombre tenía un brazo podrido. Tardó cien años en descomponerse. Después, fue restaurado, con el único fin de volver a pudrirse de nuevo.

Había otro hombre que tenía sólo parte de su cabeza a consecuencia de una guerra. Tenía que seguir buscando el resto de su cabeza.

Vi el lago de fuego con gente dentro, moviéndose. Cada tormento que pueda imaginarse es multiplicado por un millón de veces.

Hay grados de castigo en el infierno. La gente más castigada es la que más sabía y que no hizo lo que debía haber hecho. Pensé en Hitler, y pensé en la justicia de Dios.

Había un agujero, y en el fondo del agujero demonios encadenados. Cuando vieron a Jesús, gritaron: "¡Vamos por ti!", pero Jesús dijo: "No, no lo harán".

Yo le rogué: "Por favor, ya no quiero ver más".

Había pozos en el infierno que estaban vacíos; vacíos ahora, pero esperando a naciones completas.

Estaba oscuro, y había demonios y serpientes por todas partes. Los demonios infligían más dolor del que ellos mismos tenían.

Entonces saldrán y contemplarán los cadáveres de los que se rebelaron contra mí. Porque no morirá el gusano que los devora, ni se apagará el fuego que los consume: ¡repulsivos serán a toda la humanidad!

(Isaías 66:24)

Después vi el lugar reservado para el diablo y sus ángeles: habrá fuego llameante y viscoso sobre su cabeza durante mil años. El lago de fuego tenía profundidades que empeoraban cada vez más.

"Hijo, has cumplido lo que Dios quería", dijo Jesús. Entonces volvimos a ascender a la plataforma.

Le pregunté: "¿A quién se lo voy a contar?".

"Habla a otros sobre un lugar llamado cielo, y el otro lugar, el lugar de separación".

> *"Habla a otros sobre un lugar llamado cielo", dijo Jesús.*

Él tomó mi rostro en sus manos y lo inclinó para que tuviera que mirar directamente a su rostro. Luego dijo: "Nunca olvides cuánto te amo y lo que he hecho por ti. Nunca olvides cuánto amo a aquellos con los que vas y el lugar que he preparado para ellos, y cuánto los amo".

20

La segunda experiencia del trono

¡Sólo tú eres el SEÑOR!...Tú le das vida a todo lo creado.
¡Por eso te adoran los ejércitos del cielo.

—Nehemías 9:6

Sabía que aún no sería el momento de quedarme en el cielo. Me dijeron claramente, pero a la vez suave y tiernamente, que tendría que regresar.

Me di cuenta de que estaba de pie junto a Jesús. Él estaba hablando con algunas personas que se habían juntado a su alrededor, y les estaba diciendo lo mucho que los amaba. No pude hacer otra cosa que quedarme sin palabras. Hasta que uno no ha oído hablar al Señor y expresar su amor por nosotros, no puede entender del todo por qué era yo incapaz de hablar. El significado que nosotros los humanos le damos al amor palidece en comparación con la pureza, profundidad y verdadero significado de lo que realmente es su amor. Conocemos muy poco comparado con Aquel que nos amó tanto que dio su vida por todos para que algún día pudiéramos vivir con Él en el cielo.

Después, Jesús puso su brazo sobre mis hombros y me abrazó contra Él, y lloré incontrolablemente. Fui envuelto en un torrente, una inundación del amor más grande y de la mayor aceptación que jamás había conocido.

EN EL CENTRO DE TODA EXISTENCIA

Después, instantáneamente, estaba de nuevo en la sala del trono. Caí como un hombre muerto. Lo único que sabía era que estaba en el centro de toda existencia y que el Creador de todas las cosas estaba ahí. Fui completamente bañado por su amor.

Con todo lo que tengo dentro de mí, anhelo volver al cielo para la eternidad. Había escenas allí más allá de mi entendimiento de las que ni tan siquiera quiero hablar, porque usted no las creería.

Había una fragancia que impregnaba todo lo que parecía ser un vínculo entre la misma presencia de Dios y todo el cielo. Era absolutamente un éxtasis de puro asombro. Me dijeron que era la fragancia de Dios. Caí ante el Señor postrado cuando oí esas palabras.

Hacia donde miraba, veía gente completamente en paz. Un gozo absoluto y un amor total son la regla del cielo.

Había suspiros y sonidos que nunca podré contar o articular adecuadamente con un vocabulario humano. Había estructuras y anfiteatros indescriptibles. No sería capaz de entender o creer todo el rango de lo que me fue permitido presenciar por causa de mi generación.

Un gozo absoluto y un amor total son la regla del cielo.

Las leyes de la tierra—las leyes de la física y todas las leyes del universo según las conocemos en nuestro entendimiento humano—aquí no funcionan. Sólo la voluntad de Dios en un sentido celestial funcionaba aquí.

Todo el tiempo que se me permitió estar en el cielo, fui testigo de maravilla tras maravilla.

El Señor Jesús estaba siempre ahí en el momento perfecto para su aparición. No puedo explicarlo mejor, así que lo volveré a decir: sólo le cuento lo que me fue mostrado.

La gente miraba en silencio con ojos de adoración y susu-rraba: "Ya viene". Fui testigo de una absoluta adoración de nuestro Salvador en la que los seres humanos nunca serán capaces de entrar en esta vida. Siempre guardaré esto en mi corazón, para siempre.

EL LUGAR MÁS BONITO DEL CIELO

La sala del trono de Dios era el lugar más bonito del cielo.

Durante mi segunda visita a la sala del trono, fui lle-vado a un área que no había observado en mi primera vi-sita porque había estado muy sobrecogido por la presencia de Dios. Estaba ahí esta vez para experimentar aún más cosas.

En esta área había lo que parecían ser habitaciones en una catedral alta y abovedada. Estaban a lo largo de una pa-red lateral, enfrente de una estatua viva del Señor Jesús. De nuevo, la estatua estaba viva; se movía y hablaba. No tengo manera de explicarlo. Sólo puedo contarle lo que presencié de la mejor forma que sé.

EL PACTO DE JEHOVÁ

Las salas tenían entradas abovedadas que llevaban a un área grande que era totalmente privada. Vi mi nombre, RICHARD DE LA FAMILIA SIGMUND, y debajo estas palabras:

EL PACTO DE JEHOVÁ, Y LOS REDIMIDOS DEL CORDERO

Estaba temblando y no podía emitir ni siquiera un soni-do. A veces, el silencio es de oro.

En una hermosa estructura parecida a un pupitre, había un libro que parecía una Biblia. Estaba firmada en el frente con estas palabras: "Mi pacto no se romperá. No alteraré lo que ha salido de mi boca".

Me quedé maravillado. Me recordó la sangre derramada del Señor y el precio que pagó para redimirme, y de nuevo lloré de manera incontrolable.

El libro se abrió solo, y luego, de repente, Jesús estaba ahí a mi lado. Dijo: "Este es mi plan para tu vida, y lo honraré mientras tú lo honres y vivas bajo la demanda de mi Padre para tu vida".

Caí a sus pies y clamé: "Santo es el Señor mi Dios". Nunca conocí el poder del pacto en esa esfera antes, y nunca lo olvidaré. Durará toda la eternidad.

Había también otras habitaciones, una para cada creyente nacido de nuevo. Como ve, Dios tiene planes para cada uno de nosotros: planes eternos.

UNA CIUDAD DE HOGARES EN LA ORILLA DEL MAR

No quería irme, pero de algún modo sabía que no tenía otra elección. A la vez, tenía un gran gozo por saber que le agradó a Dios hablarme personalmente. Estaba contentísimo, cuanto menos. Luego fui llevado a un área cerca de la playa cristalina. Era una ciudad de hogares que, de hecho, flotaban sobre las copas de los árboles. Los edificios eran más pequeños que algunos de los otros que había visto, pero eran magníficos de mirar. Me dijeron que algunos de los ciudadanos del cielo deseaban casas en la playa, y también otros lugares. Después, estaban los que querían tener su casa en cualquier lugar donde estuvieran. Me maravilló el amor de Dios, ¡cómo le

A Dios le encanta proporcionar los deseos de nuestro corazón cuando le agradan nuestros caminos.

encanta proporcionar los deseos de nuestro corazón cuando le agradan nuestros caminos! Vi a niños, y también a ancianos, flotando desde sus casas caminando. También vi a algunas personas caminando sobre el agua. De nuevo esto me asombró, y me dijeron: "Con Dios, todo es posible". (Véase Mateo 19:26).

Tuve el deseo de caminar sobre el agua. No hay temor o miedo en el cielo, ni nada parecido. No hay emociones negativas; simplemente no existen ahí. En su lugar, hay un profundo deseo de agradar a Dios. Hay gozo, paz y amor. Hay una armonía perfecta.

Luego me metí en el agua. Me giré para mirar hacia atrás, y estaba Jesús, radiante de gozo. Estaba sonriendo con el mismo tipo de sonrisa divertida que la gente tiene cuando ve un niño con los ojos bien abiertos abriendo regalos el día de Navidad. Le produjo gozo, y me recordó la naturaleza de padre de Dios.

No pude sino darle la gloria a Dios.

EL JARDÍN DE ROSAS

"Vamos. Tienes otra cita con Jesús", dijo el ángel mientras inclinaba su cabeza en completa humildad. "Vamos ya. El Señor espera".

Fui llevado a un hermoso jardín de rosas. El jardín de rosas es el lugar personal de Dios en el cielo, su lugar favorito. Había rosales tan grandes como los árboles en la tierra. Tenían rosas de todas clases y descripciones. Algunas eran casi transparentes, y sin embargo explotaban en un estallido de miles de colores. La mayoría de estos colores sería imposible de conseguir aquí en la tierra. Me maravillé sobremanera.

Ahí, en el centro, había un lugar para sentarse con mobiliario de tipo de jardín hecho de oro macizo.

Pero por encima de todo, y lo mejor de todo, es que Jesús estaba allí esperándome. De nuevo, caí a sus pies, pero el único sonido que pude articular fue un débil: "Mi Señor y Salvador". Estaba llorando con gran gozo.

Todo en el cielo parece estar quieto cuando el Señor Jesús habla. Había varios de los tipos de ángeles de ministración ahí. El Señor les estaba dando instrucciones. Yo no podía oír, o se supone que no debía oír, lo que les decía.

Había también otras personas. De algún modo, pude entender el significado del momento. ¿Quién era yo para estar ahí? Nunca lo sabré.

Reconocí a uno de los hombres de mis años de ministerio en la tierra. Quería acercarme y abrazarle. Fue muy bonito verle.

Había otros a los que conocía personalmente, y algunos de los que sólo había oído hablar. También había algunos personajes de la Biblia. Sentía mis rodillas tan flojas que me quedé ahí parado temblando, y luego pareció como si todos ellos, al unísono con sus palabras, me dijeran que pronto me volverían a ver, y que tendríamos una reunión que duraría un siglo.

Esto me agradó mucho.

EL SEÑOR HABLA

Me dijeron que me sentara y escuchara. Parecía nuevamente como si todo el cielo guardara silencio. Realmente creo que lo hacía.

Cuando el Señor se acercó, de nuevo caí a sus pies. Una mano tan fuerte como el acero me levantó, y de nuevo estaba mirando al rostro del Señor. Él me dio una mirada amorosa de aceptación absoluta.

Yo temblaba de éxtasis y paz. Él dijo: "Siéntate", y me senté inmediatamente, temblando aún.

Entonces, Jesús se retiró unos cuantos pasos y comenzó a hablar. "Durante siglos, los hombres han intentado interpretar mi Palabra. Algunos de forma correcta, acorde a la luz que tenían. Algunos de manera errónea, y algunos de ellos fueron enviados por el diablo para desviar a la creación de mi Padre. Desde el día en que mi gracia se extendió para redimir a la creación, el diablo ha intentado robarla de mis manos, pero hasta el día en que pronto regrese, lo que mi Padre me encomendó nadie me lo quitará. He trabajado para que la salvación esté disponible para todos. Yo estaba ahí cuando los primeros rayos de mi gloria crearon el universo. Yo estaba ahí cuando fueron hechos los planetas. Yo lo hice. Yo creé todo para que funcionara perfectamente según su propio orden. Durante milenios, todo fue perfecto. Yo tenía comunión con el primer hombre creado en esos jardines, hasta que el pecado llegó a ser una realidad. Mi Padre echó al maligno, y a todos los que le siguieron, a las tinieblas. Fueron expulsados lejos de esta perfecta morada que he preparado para mi novia

"Pronto iré a buscar a mi pueblo. Será el momento más feliz de toda la eternidad".

de fieles creyentes. Los días de la creación están contados. Sólo mi Padre conoce el número de los días. Sólo Él. Pronto, tomaré a los ejércitos celestiales que has visto, junto con estos ancianos que están aquí, e iré a buscar a mi pueblo. Será el momento más feliz de toda la eternidad".

"Tú regresarás", dijo. Inmediatamente, comencé a llorar de pensarlo. Era doloroso. Él se acercó y tocó mi hombro, y una gran paz vino sobre mí.

"Ve y dile a mi pueblo que has estado aquí, y diles que limpien sus templos y que los llenen de mi Espíritu Santo. Sólo con mi ayuda pueden soportar hasta el fin".

21

"Tienes que regresar"

*¡Miren que vengo pronto! Traigo conmigo mi recompensa,
y le pagaré a cada uno según lo que haya hecho. Yo soy
el Alfa y la Omega, el Primero y el Último, el Principio
y el Fin. Dichosos los que lavan sus ropas para tener
derecho al árbol de la vida y para poder entrar por
las puertas de la ciudad.*

—Apocalipsis 22:12–14

Jesús dijo: "Tienes que regresar". Yo suspiré, y Jesús me reprendió. "La voluntad de mi Padre nunca es gravosa. Ponte en pie. Debes regresar. Volverás al cielo, tendrás visitas angelicales", dijo. Después, Jesús me abrazó.

De repente, tenía mucho dolor en el cuerpo. Había una sábana sobre mi rostro, podía sentir mis huesos uniéndose; estaba siendo sanado. Oí una voz que decía: "Ha estado muerto todo este tiempo".

Pude sentir mi muñeca izquierda donde el hueso había estado sobresaliendo, pude sentir cómo se colocaba en su sitio y sanaba.

"Es hora de embalsamarle".

Recuerdo levantarme y decir: "Aún no estoy muerto".

Alguien gritó en el pasillo: "¡Está vivo! ¡El hombre muerto está vivo!". Recuerdo a un doctor que llegó y dijo: "Yo diagnostiqué que estaba muerto, y está muerto".

Pero yo estaba sentado.

Otros doctores y enfermeras llegaron, y comencé a contarles la historia de dónde había estado y lo que había ocurrido.

La gente lloraba. Los doctores dijeron: "Tiene que ser un milagro de Dios".

Desde mi tiempo en el cielo...

Hasta este día, nadie sabe cómo ocurrió el accidente con mi vehículo. No había otros autos alrededor. Era como si tanto la parte frontal como la trasera de la van hubieran sido golpeadas por tanques Sherman al mismo tiempo. El policía dijo que era como si Dios hubiera cerrado sus manos y yo hubiera quedado en medio de ellas.

Como se puede imaginar, mi tiempo en el cielo cambió la naturaleza de mi vida en la tierra. Todo lo que siempre había querido hacer era ganar a los perdidos para Jesús, orar por los enfermos y ayudar a los creyentes a ser llenos del Espíritu Santo. Hablar de mi experiencia en el cielo ha hecho que ministrar de esta forma para mí sea más fácil, porque la gente viene a mis reuniones con un gran sentimiento de expectación acerca de lo que Dios puede hacer. Siempre he tenido un gran número de personas en mis reuniones, pero mi testimonio parece que ha abierto las cosas mucho más aún. Ha tenido un impacto que va más allá de cualquier cosa que había ocurrido antes, y ha sido sólo la obra de Dios.

Manifestaciones sobrenaturales y un ministerio mayor

Desde mi experiencia en el cielo, he seguido teniendo visitas del Señor. Dios ha derramado su Espíritu en mi vida. He visto a ciegos ver, a sordos oír y a cojos caminar, y he visto literalmente resucitar a los muertos.

Un hombre cayó muerto enfrente de mi casa. Cuando llegó la ambulancia, el hombre llevaba sin respirar quince minutos, pero después de orar, volvió a la vida.

En otra ocasión, un hombre estaba trabajando en la construcción de una iglesia en México cuando le cayó un ladrillo en la cabeza y le aplastó el cráneo. Murió al instante. Todos se juntaron a su alrededor y oraron, y Dios lo resucitó. Él dijo después: "Estaba en el cielo, ¡y no quería volver!".

Así que esto ocurre con más frecuencia de lo que creemos. Cuando yo tenía catorce o quince años y estaba ministrando con A. A. Allen, fuimos a ver a una joven en el hospital que tenía una enfermedad de riñón y había sufrido un infarto. Murió en ese hospital y la declararon muerta. Pero A. A. Allen y otros oraron por ella, aunque llevaba muerta como una hora. El padre de la mujer, que era director de pompas fúnebres, acudió a ver su cuerpo, pero cuando llegó al hospital, ella estaba viva nuevamente. A la noche siguiente, ella fue a la iglesia, y no parecía haber estado ni un sólo día enferma en toda su vida. ¡Eso sí fue un milagro!

Ha habido también otros milagros. Había un hombre en un hospital que tenía una pierna rota, la cual los doctores no podían arreglar bien para que pudiera sanar. Llamaron a mi pastor, Randy Wallace, y a mí para que fuéramos a orar. Dios acomodó ese hueso delante de nuestros ojos, y su pierna quedó sana.

En cada reunión, veo el derramamiento del Espíritu Santo y a Dios haciendo cosas milagrosas. Cuando cuento mi historia, siempre hay un gran número de personas que quieren ponerse a cuentas con Dios. Si yo estuviera en su situación, también querría. ¡Me gustaría ir a un lugar llamado cielo!

También sigo teniendo visitas angelicales. Aunque nunca he visto a los dos ángeles que me acompañaron por el cielo, que yo sepa, he tenido muchas otras visitas de ángeles. Y Dios es mucho más rico y mucho más libre para mí.

Tengo una profundidad de Dios en mi vida ahora que nunca antes pensaba que fuera posible. Es como si este tipo de revelación fuera más de lo que cualquier hombre pudiera tener nunca. Este tipo de experiencia con Dios pareciera como si fuera algo que ocurre una de cada cien veces o una vez en la vida, pero ahora me ocurre casi a diario. Cada día, oigo la voz audible de Dios de alguna manera. Cada día, veo a los ángeles de Dios, y he visto a Jesús en numerosas ocasiones.

Cada día, oigo la voz audible de Dios. Cada día, veo a los ángeles de Dios.

En reuniones de avivamiento, los ángeles me son visibles. La nube de gloria se me hace visible. La enfermedad en los cuerpos de las personas me es visible. Los demonios que los afligen me son visibles. La gloria que viene sobre ellos cuando Dios los sana también me es visible.

Cumplimiento de la profecía celestial

Durante los años, de vez en cuando, he conocido a alguien a quien me dijeron en el cielo que conocería en la tierra. Una de esas personas es Paul Hegstrom, cuyo hogar celestial vi en construcción en la avenida llamada "El camino de la rosa", y cuya biblioteca celestial contenía los libros que él escribiría. (Véase capítulo 8).

Conocí a Paul a través del pionero evangelista televisivo el Dr. L. D. Kramer, que es amigo mío. L. D. me mencionó el nombre de Paul, y dije: "Conozco ese nombre". Después le dije lo que me había ocurrido y cómo había visto los nombres de Paul y su esposa, Judy, en su hogar en construcción en el cielo. Como L. D. Kramer era muy conocido, contactó a Paul de mi parte, y él vino a verme a Texas.

Sin embargo, al principio tenía temor de conocerle, pues no sabía cómo reaccionaría a lo que le iba a decir. Así que puse la excusa de que tenía que estar fuera de casa. Sin embargo, sabía que necesitaba contarle a la gente mi experiencia, y aquí Dios estaba haciendo que las cosas sucedieran, como Él había dicho.

Después, cuando Paul y yo nos conocimos, nos hicimos amigos al instante, y seguimos siendo buenos amigos hasta el día de hoy. Le dije los nombres de los libros que había visto en su biblioteca celestial, y él dijo: "¡Ahora mismo estamos escribiendo esos libros!".

Otra persona a la que me habían dicho que conocería era Sid Roth. Había visto muchas cosas sobre Sid en el cielo. Le conocí cuando él me llamó un día de repente queriendo saber si podía estar en sus programas de radio y televisión. En ese entonces, me estaba recuperando de un fallo renal y un infarto, y todavía no podía salir. Así que hicimos una entrevista telefónica para su programa de radio, y nos hicimos amigos desde entonces. Sid dijo que cuando le conté mi testimonio, la presencia de Dios casi le tiró de su silla. Fue muy poderosa.

Individuos tocados por Dios

La gente continúa siendo tocada por Dios a través de mi ministerio y la historia de mi experiencia en el cielo. Algunos de estos testimonios los he incluido en una sección al final de este libro, pero compartiré uno de ellos aquí. Un general del ejército que trabajaba en Irak se puso en contacto conmigo y me pidió que le enviara dos cajas de una edición anterior de este libro. Un capellán distribuyó los libros entre los soldados. Un día, uno de los soldados se llevó con él su libro a patrullar. Él y sus compañeros fueron localizados y pensaron que iban a morir. Así que, claro está, se pusieron muy religiosos. No tenían una Biblia, así que el soldado comenzó a leer en voz alta mi libro.

Los soldados estaban atrapados detrás de una pared con las fuerzas enemigas muy cerca. De repente, hubo un gran golpetazo, como una granada de mano al estallar, pero parecía venir de la posición del enemigo. Los soldados miraron por encima de la pared y vieron unos treinta combatientes enemigos corriendo frenéticamente para alejarse. Inmediatamente, salieron de allí.

Al día siguiente, capturaron a algunos de los combatientes y les preguntaron qué es lo que había ocurrido: ¿por qué se habían ido corriendo? Al principio no contestaron, pero finalmente uno de ellos dijo: "Bueno, son esos gigantes del cielo". Después, varios de ellos dijeron ver hombres enormes de pie en el cielo con espadas grandes y largas. Creo que eran ángeles. Uno de los ángeles tomó su espada y golpeó el suelo justamente delante de los militantes, y fue entonces cuando huyeron. Algo afilado había cortado esa pared de ladrillos en dos. Las balas no hacen eso. Dios había revelado el poder de su presencia y protección a los soldados que fueron descubiertos que estaban leyendo sobre el cielo.

¿Está listo para la eternidad?

Jesús vuelve para que podamos nosotros ir con Él a un lugar llamado cielo.

Dios realmente ha derramado sobre mí un ministerio profético de señales, maravillas y milagros. Tengo que contar la historia de que Jesús viene pronto. Antes de que me enviara de nuevo a la tierra, Jesús me dijo que yo regresaría, y que cuando lo hiciera, le tenía que decir a su pueblo que se preparase, estas eran las palabras del Señor.

Él dijo: "Prepárense porque regreso pronto, cuando la gente no lo espere. Yo vuelvo. Yo regreso". (Véase Mateo 24:44; Lucas 12:40).

Él regresa a buscar a sus hijos e hijas; Él regresa a buscar a quienes le sirven; Él regresa a por todos nosotros para que podamos ir con Él a un lugar llamado cielo.

¿Está usted listo? ¿*Realmente* está listo? Si no lo está, puede estarlo. Arrepiéntase de sus pecados, crea que Jesucristo murió como su Sustituto, y confiésele como su Salvador y Señor.

Que si confiesas con tu boca que Jesús es el Señor, y crees en tu corazón que Dios lo levantó de entre los muertos, serás salvo. Porque con el corazón se cree para ser justificado, pero con la boca se confiesa para ser salvo. (Romanos 10:9–10)

Jesús se fue a Galilea a anunciar las buenas nuevas de Dios. Se ha cumplido el tiempo—decía—. El reino de Dios está cerca. ¡Arrepiéntanse y crean las buenas nuevas! (Marcos 1:14–15)

Porque él dice: En el momento propicio te escuché, y en el día de salvación te ayudé. Les digo que éste es el momento propicio de Dios; ¡hoy es el día de salvación! (2 Corintios 6:2)

Epílogo:
Donde se juntan el cielo y la tierra

Ya que han resucitado con Cristo, busquen las cosas de arriba, donde está Cristo sentado a la derecha de Dios. Concentren su atención en las cosas de arriba, no en las de la tierra, pues ustedes han muerto y su vida está escondida con Cristo en Dios. Cuando Cristo, que es la vida de ustedes, se manifieste, entonces también ustedes serán manifestados con él en gloria.

—Colosenses 3:1–4

Multitudes de personas que han oído o leído mi testimonio me han preguntado sobre los balcones del cielo y cuánto pueden saber sus seres queridos sobre los que están aquí.

> *Cuando la atmósfera espiritual y la alabanza y la adoración fluyen juntas en perfecta armonía, estamos morando cerca del trono de Dios.*

"PARTICIPAR" EN LA ATMÓSFERA DEL CIELO

El cielo y la tierra están más "conectados" de lo que la mayoría de la gente cree, y de formas que superan nuestra comprensión. La naturaleza del cielo es un involucramiento completo en los planes de Dios para la eternidad. Todo tiene un propósito eterno.

El cielo y la tierra se unen a veces cuando la atmósfera espiritual y la alabanza y adoración fluyen juntas en perfecta armonía. Cuando ocurre esto, estamos "participando" en la atmósfera del cielo mismo. Ningún pecado, enfermedad o dolencia puede habitar ahí. Estamos morando cerca del trono de Dios.

Para acceder a este fluir de vida, debemos estar abandonados totalmente a Dios en adoración y alabanza, ya que sólo entonces somos capaces de estar en completa unión en este aspecto de la provisión de Dios para el espíritu humano eterno. Con la ayuda del Espíritu Santo, todos podemos habitar ahí.

Eventos en la tierra y en el cielo

Además, cuando ocurren grandes movimientos el Espíritu Santo aquí en la iglesia terrenal, hay eventos correspondientes de alabanza y adoración en el cielo. Mientras estaba allí, me mostraron un grupo de personas que había asistido a la iglesia juntos en la tierra. En el cielo, estaban reunidos y asistían a muchas "funciones" celestiales juntos. En este día, todos estaban sentados en los balcones del cielo uniéndose en alabanza y adoración con miembros de su iglesia en la tierra. Cuando fue el tiempo, todos dijeron "Amén" en perfecta armonía. A veces, los ángeles de Dios también se unían.

A la gente se le decía cuándo y dónde se llevaría a cabo el siguiente "evento" en la tierra. Me dijeron que durante las cruzadas de Billy Graham, había millones de personas participando en sus servicios en el cielo mismo. Además, legiones de ángeles fueron enviadas a llevar convicción de pecado a la gente. Esto es lo que ocurre cuando oramos y buscamos a Dios. El cielo se involucra. Hay literalmente decenas de miles de ángeles que son enviados para confirmar la Palabra de Dios.

EL REINO DE DIOS EN LA TIERRA

Jesús nos enseñó a orar que el reino de Dios viniera a la tierra y que su voluntad se hiciera en la tierra como se hace en el cielo. (Véase Mateo 6:10). Tenemos que perseguir la naturaleza del reino de Dios, abrazar el carácter de Dios y sus propósitos para la tierra. *"El reino de Dios es...justicia, paz y alegría en el Espíritu Santo"* (Romanos 14:17). Es imperativo que todos llevemos unas vidas santas en el temor y el consejo de Dios. Cuando lo hacemos, podemos entrar en la plenitud de Cristo.

> *A fin de capacitar al pueblo de Dios para la obra de servicio, para edificar el cuerpo de Cristo. De este modo, todos llegaremos a la unidad de la fe y del conocimiento del Hijo de Dios, a una humanidad perfecta que se conforme a la plena estatura de Cristo.*
>
> (Efesios 4:12–13)

> *Toda la plenitud de la divinidad habita en forma corporal en Cristo; y en él, que es la cabeza de todo poder y autoridad, ustedes han recibido esa plenitud.*
>
> (Colosenses 2:9–10)

NUEVE PASOS HACIA LA PLENITUD DE CRISTO

¿Cómo entramos en la plenitud de Cristo? Aplicando la naturaleza de Cristo a nuestras vidas.

Hay nueve pasos para la plenitud de Cristo. Están en Gálatas 5:22–23. La naturaleza de Cristo se revela ahí:

> *En cambio, el fruto del Espíritu es amor, alegría, paz, paciencia, amabilidad, bondad, fidelidad, humildad y dominio propio. No hay ley que condene estas cosas.*

Durante un tiempo de intensa búsqueda de Dios, un amigo mío estaba conduciendo por las montañas de Arizona. A menudo pasaba por una montaña en particular, y cuando lo hacía, siempre tenía la necesidad de escalarla. Cuando pasaba conduciendo por allí, decía: "Algún día, voy a escalar esta montaña y ver de qué se trata todo 'esto'".

Un día, cuando pasaba por la montaña, decidió que ese sería el día. Escaló hasta que llegó a la cima. Podía ver su auto a los pies de la montaña. Tenía calor y estaba cansado, así que se tumbó en una roca para descansar unos momentos. Debió de quedarse dormido, porque cuando se despertó ya había oscurecido, y las estrellas estaban brillando.

Según miraba hacia arriba, una luz intensa y brillante resplandeció desde el cielo. Donde se unió con la tierra, un ángel salió del haz de luz. Tenía un rollo y dijo estas palabras: "Hay nueve pasos hacia la plenitud de Cristo. Debes llegar a ser perfecto en ellos". En el rollo estaba el fruto del Espíritu. El primero era compasión. Tiene que ser perfecto en compasión. Luego, cuando la compasión tiene un acceso libre en su vida, el amor también manifestará el plan de Dios en su vida. No se puede tener compasión sin cantidades extraordinarias del amor de Dios. Si quiere el favor de Dios, comience a mostrar la compasión de Cristo. Debe morir al yo para llegar ahí.

> *Cuando la compasión tiene acceso libre en su vida, el amor también manifestará el plan de Dios en su vida.*

El medio de intercambio en el cielo es la bondad. Este es el evangelio mismo. Es la ley del amor:

El amor no perjudica al prójimo. Así que el amor es el cumplimiento de la ley.   (Romanos 13:10)

En efecto, toda la ley se resume en un solo mandamiento: Ama a tu prójimo como a ti mismo. (Gálatas 5:14)

Hacen muy bien si de veras cumplen la ley suprema de la Escritura: Ama a tu prójimo como a ti mismo.
(Santiago 2:8)

Cerca del final de mi experiencia en el cielo, Jesús dijo estas palabras:

"Mi pueblo ha perdido su compasión".

"Deseo mucho la compasión en mi pueblo. En esto, mostrarán el amor de mi Padre".

"Toda la creación debe mostrar amor según el orden de Dios para permanecer en el favor de Dios".

Me mostraron cómo todo el cielo sigue las "leyes de la naturaleza de Dios". Todos los que están allí estaban totalmente inmiscuidos en la perfecta naturaleza de Dios. Cuando me dijo esto, comencé a llorar. Sabía lo mucho que yo había fallado a Dios en mi vida. Caí a sus pies en adoración y alabanza. Él me tocó en mi mejilla izquierda, y luego, de algún modo, estaba en pie nuevamente. Sabía que nunca volvería a ser el mismo.

Testimonios dorados

Después, fue llevado a un edificio muy bonito que estaba cerca de los árboles más hermosos que jamás había visto. Todos eran diferentes pero de algún modo iguales. No puedo explicarlo; sólo puedo decirle lo que vi. En el hermoso edificio habría centenares de millones de rollos en estanterías doradas. Todos eran de oro macizo de algún tipo celestial, con un tipo de material de oro usado como papel.

De forma muy reverente, un ángel desenrolló un rollo. Leyó de él, diciendo: "Le doy a Dios toda la gloria por mi sanidad. Cuando rendí mi vida a Cristo, fui instantáneamente liberado de una vida de drogas y pecado. Ahora, soy la mujer de un pastor aquí en Milwaukee. Jesús lo ha hecho todo posible". Cuando supe quién era, caí en alabanza y adoración nuevamente. Todos los testimonios que se habían dado alguna vez estaban ahí almacenados. No se había perdido ni uno solo. Nunca.

Los ángeles de Dios están en un asombro absoluto mientras se lee un testimonio. Ellos nunca conocerán la gracia salvadora de Dios. Fueron creados para servir a Dios, y fueron creados para ser sus espíritus ministradores para los herederos de la salvación: todos los creyentes nacidos de nuevo.

En la siguiente sección, comparto algunos de los testimonios que he recibido. Mi deseo es animarle a que crea en el Señor Jesucristo para que pueda estar presente en la cena de las bodas del Cordero. (Véase Apocalipsis 19:6–9). También es para animarle en su fe para que pueda creer que Dios puede hacer milagros de sanidad.

Testimonios de salvación, sanidad y liberación a través del ministerio de Richard Sigmund

INTRODUCCIÓN

Yo no tengo el poder de sanar a los enfermos. Los milagros y sanidades vienen de Dios. La Biblia nos da muchas promesas preciosas del poder sanador de Dios. (Véase Marcos 16:17–18; Juan 14:12). Son la continua provisión de Dios para su pueblo.

En los siguientes testimonios de salvación, sanidad y liberación, muchos de ellos extraídos de cartas que he recibido, se dan nombres cuando se nos ha dado el permiso de hacerlo. Los testimonios han sido ligeramente editados para dar más claridad. —Richard Sigmund

La Dra. Loretta Blasingame y yo nos estábamos quedando temporalmente en la casa de huéspedes de algunos amigos. La Dra. Blasingame sufrió una grave caída en la acera de cemento de la casa y sufrió daños en la cabeza, la espalda, la rodilla, la cadera y el pie. El dolor era insoportable; estaba sangrando y tenía heridas por todo su cuerpo. Había resbalado por la acera, y su mano izquierda y su brazo estaban de color gris del cemento.

Nuestros amigos se habían ido a una reunión, así que inmediatamente tras llamarles pidiendo ayuda con mi teléfono celular, usé mi celular para llamar al Rev. Richard Sigmund para que orase por la sanidad de la Dra. Blasingame. El Señor le reveló en una visión al Rev. Sigmund que su pie izquierdo estaba roto. Mientras seguía intercediendo, vio en una visión al Señor Jesús poniendo su mano sobre los huesos rotos, y vio cómo los huesos se unían...*perfectamente sanada*. El Rev. Sigmund permaneció en el teléfono durante una hora, orando por cada parte herida de su cuerpo. El dolor cesó y la hinchazón remitió, y pudo incorporarse sentada en la acera. ¡Sorprendentemente, la sangre y las heridas también desaparecieron!

Dos días después, decidimos que un doctor verificase la sanidad de la Dra. Blasingame, y fuimos a una clínica. Tomaron muchas radiografías, y parecía que el pronóstico era muy malo, ya que las radiografías mostraban que un hueso de su pie izquierdo estaba fracturado y fuera de su sitio. Sin embargo, mientras estaban tomando más radiografías, estábamos orando: "Señor, no dejes que los doctores vean nada malo. Que vean lo que tú has hecho". Tras estas radiografías adicionales, el médico que le atendía entró y anunció con asombro: "¡No hay ningún hueso roto!".

> *En una visión, el Rev. Richard Sigmund vio a Jesús poniendo su mano sobre los huesos rotos, y vio como los huesos se unían... perfectamente sanada.*

A Dios sea la gloria, y qué bendecidos fuimos de ser capaces de contactar con el siervo escogido de Dios: ¡el Rev. Richard Sigmund!

—Anne W. McAlister
Ayudante personal de la Dra. Loretta Blasingame

En una de las reuniones de Richard Sigmund, un anciano de setenta y seis años llegó con cáncer de pulmón, al cual le habían dado seis meses de vida. Después de que Richard orase por él, este hombre podía respirar mejor y sintió una diferencia en sus pulmones. Fue al doctor a la semana siguiente y había sanado en un 80 por ciento. Después fue a su doctor una segunda vez y estaba totalmente sano. ¡Gloria a Dios! Las visitas al doctor ocurrieron en la semana después de haber orado por él.

En otra ocasión, me pidieron ir con un amigo a visitar a un joven de unos treinta y dos años que tenía un cáncer de estómago y no podía comer comida sólida. Pude ver que había perdido peso y que estaba un poco delgado para su estatura. Sentí la necesidad de llamar a Richard por teléfono, así que le pregunté a ese joven si creía en la sanidad y si le gustaría que orase por su sanidad, y le hablé de Richard y la unción que tiene sobre su vida. Él quiso que orásemos, y Richard oró por él por el teléfono. Después Richard le pidió que pusiera su mano en su estómago. Así lo hizo, ¡y el dolor se fue! Esa semana, este joven fue a ver a su doctor, ¡y descubrió que estaba completamente sano de su cáncer de estómago! ¡Gloria a Dios por su bondad! Es increíble saber que la unción de Dios puede tocar a la gente, ¡incluso por el teléfono!

—Rev. Carol Fraser
Fundadora/Directora, On Eagles' Wings Ministries
Bloomington, MN

Yo había sido una reincidente durante muchos años. Me había alejado de Dios, y estaba muy metida en las drogas. No había nada que no hiciera para conseguir droga. Fue un momento muy oscuro de mi vida. Entonces, oí su testimonio en el programa de Sid Roth, *It's Supernatural!* Estaba escuchando un concierto de rock cuando de repente se cambió la sintonía de la radio, sin que nadie la tocara. Oí a Sid Roth comenzar a mencionar su nombre, e inmediatamente no me podía mover. Quería cambiar la frecuencia, pero no me podía mover.

Según escuchaba su testimonio, comencé a sentir la convicción de mis pecados y quise arreglar las cosas con Dios. Lloré lágrimas amargas. Cuando oró por los que estábamos escuchando, estaba lista. Ahora he vuelto con mi marido y mi familia, y todos asistimos a una iglesia de Asambleas de Dios en Missouri. Que Dios siga usando su testimonio del cielo.

—Susan B.

Era miembro de la iglesia del pastor Randy Wallace en Midlothian, Texas, cuando mi hija, que estaba embarazada de siete meses, se puso muy enferma. El doctor dijo que su bebé había muerto en su cuarto mes y que tendrían que intervenirla para sacarle. Usted vino a la iglesia un domingo. Le animé a mi hija a que orasen por ella para que la cirugía fuera bien al día siguiente. Usted dijo: "Venga aquí. Dios tiene un milagro para usted". Cuando oraba por ella, su estómago comenzó a crecer. Yo no podía creer lo que estaba viendo. Después, el bebé "muerto" comenzó a patalear y a moverse.

Usted dijo: "Dios tiene un milagro para usted". Después, el bebé "muerto" comenzó a patalear y a moverse.

El bebé tiene ahora tres años. Aún lloramos por el milagro que Dios hizo ese domingo. Qué Dios tan grande tenemos.

—Lupe Sanchez
(Nota del editor: este testimonio ha sido confirmado por el pastor Wallace, debajo).

Una señora de nuestra iglesia estaba embarazada y vino al servicio del domingo en la iglesia tras haber ido al doctor el viernes y saber que el bebé que tenía dentro estaba muerto. No había latido alguno, y el bebé no crecía. Tras el servicio, Richard Sigmund oró por ella, ya que tenía la cirugía programada para el día siguiente. Ella volvió al doctor y le pidió que revisara de nuevo el estado de su bebé. No sólo tenía latido, sino que el bebé también había aumentado su tamaño sustancialmente. Después de eso, el bebé creció con increíble rapidez, y nació totalmente sano. Lo veo de vez en cuando, y no tiene ningún problema.

Richard y yo trabajamos juntos en una reunión de avivamiento en la iglesia Grace Cathedral, en Lancaster, Texas. La iglesia tenía dos semanas de servicios por la tarde, y durante ese periodo de tiempo se produjeron más de 270 milagros. Richard se movía bajo el poder de Dios de tal forma que no se podía levantar, y yo le tenía que sujetar. Así que yo me encontraba allí cuando las cosas estaban ocurriendo y vi los milagros de primera mano.

Había una señora que tenía algún problema con su espalda, y él oró por ella. Ella llevaba un traje de pantalón, y recuerdo mirar al piso y ver que su pantalón de repente era demasiado corto, ya que al instante fue sanada. Calculo que debió de crecer unos ocho centímetros.

Gente que había sido diagnosticada con todo tipo de cáncer era sanada, varios de ellos estaban moribundos en las últimas etapas de su enfermedad. Un hombre tenía un cáncer de estómago y no había podido comer nada durante mucho tiempo. No toleraba nada, así que creo que le alimentaban por un tubo. Richard oró por él y luego le dijo: "Ve y cómete un filete". El hombre miró a Richard como si estuviera loco, pero fue a un restaurante esa noche y pidió un filete, ¡y se lo comió todo! Volvió al día siguiente con ese testimonio, y se puso cada vez mejor con el paso del tiempo. No tuvimos la confirmación de ningún médico, pero el hombre dijo que estaba sanado. Si no puede comer durante un largo periodo de tiempo y de repente puede comer cualquier cosa, uno tiene la noción bastante clara de que ha sido sanado.

Estaba la hija de un pastor que tendría unos diecisiete o dieciocho años en el mismo servicio en el que fue sanado este hombre del cáncer de estómago. Desde su nacimiento, esta chica no había podido oír. Richard oró por ella, y la chica comenzó a gritar. Al principio pensamos que pasaba algo, que tendría mucho dolor, pero no era el caso. Lo que ocurría es que estaba asustada porque estaba oyendo por primera vez en su vida, ¡y no estaba acostumbrada al sonido!

Además, vi a gente sanar de hernias y enfermedades cardiacas. La gente también daba testimonios de que fueron sanados de su diabetes durante esas dos semanas de reuniones.

He visto otros milagros a través del ministerio de Richard Sigmund también. La primera vez que vi a Richard, fuimos a orar por un hombre en el hospital de veteranos de Lancaster, Texas, que se estaba muriendo de SIDA. Después que Richard orase por él, dejó de tener la enfermedad, según el informe del doctor. Este hombre también tenía un gran bulto en su pierna, y Richard puso sus manos sobre él y oró. Cuando quitó sus manos, el bulto ya no estaba.

Estas son cosas que vi personalmente. Siempre miraba lo que ocurría de manera objetiva para ver si realmente era un milagro.

Fuimos a orar por un hombre que se estaba muriendo de SIDA. Después que Richard orase por él, dejó de tener la enfermedad.

Cuando la unción del Señor cae sobre Richard mientras ministra, ocurren cosas. Dios también le usa como profeta. Una vez le dijo a mi esposa que cuando hiciéramos un viaje, uno de los miembros de su familia se pondría mortalmente enfermo. Sin embargo, mi esposa vería un bastón de caramelo, el cual sería una señal para ella de que todo estaría bien. Y eso es todo lo que le dijo. Dos años después, mientras estábamos visitando a la familia de mi esposa en Kentucky, su hermana tuvo un ataque al corazón. No pensaron que fuera a sobrevivir, y mi esposa se metió en la ambulancia con ella. Sin embargo, mientras conducían cruzando el río Ohio, mi esposa miró hacia abajo y vio un remolcador que subía por el río. Su chimenea estaba pintada como un bastón de caramelo. En el momento en que lo vio, se acordó de lo que había dicho Richard, y le dio gracias al Señor. Mi cuñada no estuvo en el hospital ni si quiera dos horas; así de rápido se recuperó.

He visto algunas cosas bastante increíbles a través del ministerio de Richard Sigmund. Definitivamente Dios le usa a través de los milagros.

—Pastor Randy Wallace
New Hope Christian Center
Midlothian, Texas

Llevaba muchísimo tiempo sin ir a la iglesia cuando asistí a su reunión en Dallas, Texas. Realmente no quería ir, pero fui para complacer a mi amiga, aunque ahora me alegro mucho de haberlo hecho.

Nadie de los que estaban allí sabía que yo tenía la columna muy torcida y que me dolía todo el tiempo. Pensé: *Tendré que vivir con este dolor.* Esa noche, volví a dedicar mi vida a Cristo, y me sentí mucho mejor de saber que todos mis pecados habían sido lavados.

Después usted me señaló y dijo: "Dios va a hacer que su espalda esté más recta que una flecha". Dios le reveló mi necesidad, nadie lo sabía. Cuando oró por mí, usted dijo: "Ahora observe sus pies y sus tobillos". Todos pudieron ver crecer mis piernas mientras se enderezaba mi columna. Crecí ocho centímetros instantáneamente. Mi vida no ha sido la misma desde ese instante. Cómo alabo a Dios por su poder milagroso.

> *Cuando oró por mí, mi columna se enderezó. Crecí ocho centímetros instantáneamente.*

—Wanda Piston

Asistí a su reunión en una pequeña ciudad al sureste de Missouri. La gente hablaba sobre los milagros que estaban ocurriendo en cada reunión. Yo tenía un grave problema de corazón. El doctor dijo que podría requerir cirugía, y que aun así, quizá no funcionara. Así que decidí ir a ver si todo eso era cierto.

Cuando entré en el auditorio, usted estaba de pie al fondo de la plataforma, orando en silencio. Se encontraba mirando hacia arriba cuando yo entré, y de algún modo supe que podía ver lo más profundo de mi ser. Algo dijo: "Esta es tu noche".

Después de su llamada al altar, llegó el tiempo de orar por los enfermos. Estaba ansiosa de recibir, pero parecía que todos estaban recibiendo su sanidad y que el servicio estaba a punto de terminar. La última persona por la que usted

> *Tenía un problema grave de corazón. Después de orar por mí, mi examen neuroquirúrgico reveló que tenía el corazón de una chica joven.*

oró era una niña adolescente que tenía los dientes severamente desalineados. Su madre dijo: "Va a sufrir varias operaciones de mandíbula que podrían desfigurar su rostro de por vida". Su mandíbula creció hasta ponerse en su lugar mientras estábamos mirando. Todos se regocijaron.

Después, usted miró hacia mí y sonrió. Solté un grito de gusto. Algunas personas se rieron, pero yo estaba lista para recibir. Me miró y dijo: "¿Es usted la misma señora a la que yo miré cuando entró por la puerta?". Cuando fijé mis ojos en usted, Dios me mostró su necesidad. Usted ha tenido falta de respiración y algo de dolor en su brazo izquierdo. Es como si a veces tuviera un bloque de cemento en su pecho". Todo lo que dijo era totalmente acertado. Y luego dijo: "Dios va a hacer algo al respecto en esta noche". Cuando oró por mí, me caí al suelo. Cuando me levanté, toda la pesadez y la dificultad respiratoria habían desaparecido.

Al día siguiente, mi examen neuroquirúrgico reveló que tenía el corazón de una chica joven. Los doctores estaban completamente perplejos. Dios había obrado un milagro ante sus mismos ojos.

—Norma y Fred Frailey

Veía su programa de televisión el viernes por la noche. Usted dijo que todos pusieran su mano donde se necesitara un milagro de sanidad. Yo era ciego de mi ojo derecho. Cuando usted oró, comencé a ver con mi ojo derecho por primera vez en veintiséis años. Ahora tengo una visión perfecta por primera vez en mi vida. Le estamos contando a todo el mundo lo que Dios puede hacer.

(anónimo)

Soy un soldado emplazado en Irak, y soy creyente nacido de nuevo. Tenemos un grupo de veintitrés creyentes en nuestro pelotón. Recibí un ejemplar de su libro. Fui totalmente absorbido por la presencia de la gloria de Dios durante varios días. El capellán brigada Mark Sorenson estaba llevando a cabo servicios en nuestro distrito. Cuando se fue, nos regaló varios ejemplares más de su libro. Como resultado, muchos han conocido a Jesús, y estamos teniendo un derramamiento entre nuestras tropas aquí destinadas.

El capellán Sorenson le dio un ejemplar del libro a nuestro comandante general. Nos dijeron que se sentó y se leyó todo el libro sin descanso. Desde entonces se declara creyente en Cristo y está buscando el bautismo del Espíritu Santo. A Dios sea la gloria.

—Tommy Sanchez

Soy un marine de los Estados Unidos actualmente sirviendo en Irak. Siempre he creído en Dios pero nunca le he adorado. La mayor parte de mi vida la he pasado pecando. He hecho algunas cosas bastante malas en mi vida que he lamentado. Mi esposa y yo tuvimos un tiempo muy difícil en nuestras vidas, y fue debido a mis pecados. Me sentí perdido y no sabía dónde ir. Mi esposa me pidió que fuera a la capilla y le pidiera a Dios que me guiara. Bien, lo hice para ver sí eso me ayudaba a arreglar mi vida. Desde ese momento, descubrí a Dios y confesé todos mis pecados. Abrí mi corazón y confesé mi amor por Jesús.

Bien, todo eso suena bien, pero aquí es donde comenzó mi problema: guiaba a mi compañía por las calles de Fallujah. Siento que no hice mi trabajo al cien por ciento. Tuve una baja, que está en los Estados Unidos recuperándose. Tuve el menor número de bajas de todas las unidades que fueron al asalto. He estado castigándome por todos mis pecados, y por las formas en las que podía haber salvado esa baja de haber hecho las cosas de otra forma.

Bien, pues hoy fui a la iglesia, y el capellán tenía su libro. Dijo que se nos envió el libro para que aprendiéramos más. Me senté ahí sintiéndome deprimido, como si fuera un fracaso para mi familia y para los marines. Pensaba que Jesús me había abandonado. Algo seguía diciéndome que tomara ese libro al salir. Lo hice, y lo leí sin parar. Y leí muchas veces que Jesús decía: "Diles que les amo y que vean lo que he hecho". Mis ojos se han vuelto a abrir. Jesús está siempre conmigo. Él conoce mi dolor. Soy pecador, pero me he vuelto a abrir a Jesús. Tan sólo quería decirle gracias.
—C.

> *Me sentía un fracasado y pensaba que Jesús me había abandonado. Luego leí en su libro muchas veces en las que Jesús dijo: "Diles que les amo". Ahora sé que Jesús está siempre conmigo.*

Llamé a su número de teléfono buscando a alguien que pudiera orar y ponerse de acuerdo conmigo, ya que tenía muchas necesidades. Mientras hablábamos, usted comenzó a contarme todo sobre mí mismo, incluyendo cosas que yo mismo había olvidado. Incluso dijo el nombre de mis hijos. Nunca antes había hablado con usted, y sé de cierto que nadie le había mencionado mi nombre antes. Pero usted conocía mucho. Y luego dijo estas palabras: "En veinticuatro horas, comenzará a recibir los comienzos de un cambio total. Dios ha oído mi oración, y la ayuda está en camino". Yo me estaba gozando. Mi esposa regresó al día siguiente, y mi antiguo jefe me llamó para que trabajara con un buen aumento de sueldo. Usted insistía en que Dios recibiera toda la gloria. Así que quería devolverle este testimonio de alabanza a Dios.

—Ernest W.
Des Moines, Iowa

Vivo cerca de Sydney, Australia. Vi su programa de televisión mientras estaba de visita durante el descanso del comercio.

Hice como usted dijo y oré con usted para recibir mi sanidad. Tenía alguna enfermedad, la cual los doctores no podían determinar con exactitud. Perdí tanto peso que bajé a cuarenta y ocho kilos. Iba rápido. Cuando toqué la pantalla de la televisión, algo me golpeó, sentí como una corriente que me atravesaba. Después, empecé a tener mucha hambre. No había podido comer nada sólido en el último año. Desde entonces, he recuperado todo mi peso. Puedo correr tres kilómetros, cosa que antes no podía hacer. Sigo diciéndole a todo el mundo lo que Dios ha hecho por mí.

—Lawrence Morris

RECUERDE:

Para Dios todo es posible.

—Mateo 19:26

Selección de versículos

DIOS GOBIERNA Y ACTÚA DESDE EL CIELO

Reconoce y considera seriamente hoy que el SEÑOR es Dios arriba en el cielo y abajo en la tierra, y que no hay otro. Obedece sus preceptos y normas que hoy te mando cumplir. De este modo a ti y a tus descendientes les irá bien, y permanecerán mucho tiempo en la tierra que el SEÑOR su Dios les da para siempre.

(Deuteronomio 4:39–40)

Mira desde el cielo, desde el santo lugar donde resides y, tal como se lo juraste a nuestros antepasados, bendice a tu pueblo Israel y a la tierra que nos has dado, tierra donde abundan la leche y la miel.

(Deuteronomio 26:15)

Vi al SEÑOR sentado en su trono con todo el ejército del cielo alrededor de él, a su derecha y a su izquierda.

(1 Reyes 22:19)

Entonces David bendijo así al SEÑOR en presencia de toda la asamblea: "¡Bendito seas, SEÑOR, Dios de nuestro padre Israel, desde siempre y para siempre! Tuyos son, SEÑOR, la grandeza y el poder, la gloria, la victoria y la majestad. Tuyo es todo cuanto hay en el cielo y en la tierra. Tuyo también es el reino, y tú estás por encima de todo. De ti proceden la riqueza y el honor; tú lo gobiernas todo. En tus manos están la fuerza y el poder, y eres tú quien engrandece y fortalece a todos".

(1 Crónicas 29:10–12)

¡Sólo tú eres el Señor! Tú le das vida a todo lo creado: la tierra y el mar con todo lo que hay en ellos.

(Nehemías 9:6)

Los reyes de la tierra se rebelan; los gobernantes se confabulan contra el Señor y contra su ungido. Y dicen: "¡Hagamos pedazos sus cadenas! ¡Librémonos de su yugo!" El rey de los cielos se ríe; el Señor se burla de ellos. En su enojo los reprende, en su furor los intimida y dice: "He establecido a mi rey sobre Sión, mi santo monte.

(Salmo 2:2–6)

Desde el cielo el Señor contempla a los mortales, para ver si hay alguien que sea sensato y busque a Dios.

(Salmo 14:2)

El Señor observa desde el cielo y ve a toda la humanidad; él contempla desde su trono a todos los habitantes de la tierra. Él es quien formó el corazón de todos, y quien conoce a fondo todas sus acciones. No se salva el rey por sus muchos soldados, ni por su mucha fuerza se libra el valiente. Vana esperanza de victoria es el caballo; a pesar de su mucha fuerza no puede salvar. Pero el Señor cuida de los que le temen, de los que esperan en su gran amor; él los libra de la muerte, y en épocas de hambre los mantiene con vida.

(Salmo 33:13–19)

Señor Todopoderoso, Dios de Israel, entronizado sobre los querubines: sólo tú eres el Dios de todos los reinos de la tierra. Tú has hecho los cielos y la tierra.

(Isaías 37:16)

[El Señor declara] *"Mis caminos y mis pensamientos son más altos que los de ustedes;¡más altos que los cielos sobre la tierra! Así como la lluvia y la nieve desciendan del cielo, y no vuelven allá sin regar antes la tierra y hacerla fecundar y germinar para que dé semilla al que siembra y pan al que come, así es también la palabra que sale de mi boca: No volverá a mí vacía, sino que hará lo que yo deseo y cumplirá con mis propósitos".* (Isaías 55:9–11)

Así dice el SEÑOR: El cielo es mi trono, y la tierra, el estrado de mis pies. (Isaías 66:1)

Traigan íntegro el diezmo para los fondos del templo, y así habrá alimento en mi casa. Pruébenme en esto —dice el SEÑOR Todopoderoso—, y vean si no abro las compuertas del cielo y derramo sobre ustedes bendición hasta que sobreabunde. (Malaquías 3:10)

Ustedes deben orar así: "Padre nuestro que estás en el cielo, santificado sea tu nombre, venga tu reino, hágase tu voluntad en la tierra como en el cielo". (Mateo 6:9–10)

Les aseguro que todo lo que ustedes aten en la tierra quedará atado en el cielo, y todo lo que desaten en la tierra quedará desatado en el cielo. Además les digo que si dos de ustedes en la tierra se ponen de acuerdo sobre cualquier cosa que pidan, les será concedida por mi Padre que está en el cielo. (Mateo 18:18–19)

Y no llamen "padre" a nadie en la tierra, porque ustedes tienen un solo Padre, y él está en el cielo. (Mateo 23:9)

Allí le llevaron [a Jesús] un sordo tartamudo, y le suplicaban que pusiera la mano sobre él. Jesús lo apartó de la multitud para estar a solas con él, le puso los dedos

en los oídos y le tocó la lengua con saliva. Luego, miran-
do al cielo, suspiró profundamente y le dijo: "¡Efatá!"
(que significa: ¡Ábrete!).   (Marcos 7:32–34)

Después de esto miré, y allí en el cielo había una puer-
ta abierta. Y la voz que me había hablado antes con
sonido como de trompeta me dijo: "Sube acá: voy a
mostrarte lo que tiene que suceder después de esto." Al
instante vino sobre mí el Espíritu y vi un trono en el
cielo, y a alguien sentado en el trono. El que estaba sen-
tado tenía un aspecto semejante a una piedra de jaspe
y de cornalina. Alrededor del trono había un arco iris
que se asemejaba a una esmeralda. Rodeaban al trono
otros veinticuatro tronos, en los que estaban sentados
veinticuatro ancianos vestidos de blanco y con una co-
rona de oro en la cabeza. Del trono salían relámpagos,
estruendos y truenos. Delante del trono ardían siete
antorchas de fuego, que son los siete espíritus de Dios,
y había algo parecido a un mar de vidrio, como de
cristal transparente. En el centro, alrededor del trono,
había cuatro seres vivientes cubiertos de ojos por de-
lante y por detrás. El primero de los seres vivientes era
semejante a un león; el segundo, a un toro; el tercero
tenía rostro como de hombre; el cuarto era semejante a
un águila en vuelo. Cada uno de ellos tenía seis alas y
estaba cubierto de ojos, por encima y por debajo de las
alas. Y día y noche repetían sin cesar: "Santo, santo,
santo es el Señor Dios Todopoderoso, el que era y que
es y que ha de venir". Cada vez que estos seres vivien-
tes daban gloria, honra y acción de gracias al que es-
taba sentado en el trono, al que vive por los siglos de
los siglos, los veinticuatro ancianos se postraban ante

él y adoraban al que vive por los siglos de los siglos.
Y rendían sus coronas delante del trono exclamando:
"Digno eres, Señor y Dios nuestro, de recibir la gloria,
la honra y el poder, porque tú creaste todas las cosas;
por tu voluntad existen y fueron creadas".

(Apocalipsis 4:1–11)

Y oí a cuanta criatura hay en el cielo, y en la tierra, y
debajo de la tierra y en el mar, a todos en la creación,
que cantaban: "¡Al que está sentado en el trono y al
Cordero, sean la alabanza y la honra, la gloria y el
poder, por los siglos de los siglos!". (Apocalipsis 5:13)

Después de esto miré, y apareció una multitud tomada
de todas las naciones, tribus, pueblos y lenguas; era
tan grande que nadie podía contarla. Estaban de pie
delante del trono y del Cordero, vestidos de túnicas
blancas y con ramas de palma en la mano. Gritaban
a gran voz: "¡La salvación viene de nuestro Dios, que
está sentado en el trono, y del Cordero!" Todos los án-
geles estaban de pie alrededor del trono, de los ancia-
nos y de los cuatro seres vivientes. Se postraron rostro
en tierra delante del trono, y adoraron a Dios dicien-
do: "¡Amén! La alabanza, la gloria, la sabiduría, la
acción de gracias, la honra, el poder y la fortaleza son
de nuestro Dios por los siglos de los siglos. ¡Amén!"

(Apocalipsis 7:9–12)

Tocó el séptimo ángel su trompeta, y en el cielo reso-
naron fuertes voces que decían: "El reino del mundo
ha pasado a ser de nuestro Señor y de su Cristo, y él
reinará por los siglos de los siglos". Los veinticuatro
ancianos que estaban sentados en sus tronos delante

de Dios se postraron rostro en tierra y adoraron a Dios diciendo: "Señor, Dios Todopoderoso, que eres y que eras, te damos gracias porque has asumido tu gran poder y has comenzado a reinar. Las naciones se han enfurecido; pero ha llegado tu castigo, el momento de juzgar a los muertos, y de recompensar a tus siervos los profetas, a tus santos y a los que temen tu nombre, sean grandes o pequeños, y de destruir a los que destruyen la tierra". Entonces se abrió en el cielo el templo de Dios; allí se vio el arca de su pacto, y hubo relámpagos, estruendos, truenos, un terremoto y una fuerte granizada. (Apocalipsis 11:15–19)

EL CIELO REVELADO EN LA TIERRA/ INTERACTUANDO CON LA TIERRA

Cuando llegaron al lugar señalado por Dios, Abraham construyó un altar y preparó la leña. Después ató a su hijo Isaac y lo puso sobre el altar, encima de la leña. Entonces tomó el cuchillo para sacrificar a su hijo, pero en ese momento el ángel del SEÑOR le gritó desde el cielo: —¡Abraham! ¡Abraham! —Aquí estoy —respondió. —No pongas tu mano sobre el muchacho, ni le hagas ningún daño —le dijo el ángel—. Ahora sé que temes a Dios, porque ni siquiera te has negado a darme a tu único hijo. (Génesis 22:9–12)

Cuando llegó a cierto lugar, se detuvo para pasar la noche, porque ya estaba anocheciendo. Tomó una piedra, la usó como almohada, y se acostó a dormir en ese lugar. Allí soñó que había una escalinata apoyada en la tierra, y cuyo extremo superior llegaba hasta el cielo. Por ella subían y bajaban los ángeles de Dios. En el sueño, el Señor estaba de pie junto a él y le decía: "Yo soy el Señor, el Dios de tu abuelo Abraham y de tu padre Isaac. A ti y a tu descendencia les daré la tierra sobre la que estás acostado. Tu descendencia será tan numerosa como el polvo de la tierra. Te extenderás de norte a sur, y de oriente a occidente, y todas las familias de la tierra serán bendecidas por medio de ti y de tu descendencia. Yo estoy contigo. Te protegeré por dondequiera que vayas, y te traeré de vuelta a esta tierra. No te abandonaré hasta cumplir con todo lo que te he prometido". Al despertar Jacob de su sueño, pensó: "En realidad, el Señor está en este lugar, y yo no me había dado cuenta". Y con mucho temor, añadió: "¡Qué asombroso es este lugar! Es nada menos que la casa de Dios; ¡es la puerta del cielo!".

(Génesis 28:11–17)

Estando allí, el ángel del Señor se le apareció [a Moisés] entre las llamas de una zarza ardiente. Moisés notó que la zarza estaba envuelta en llamas, pero que no se consumía, así que pensó: "¡Qué increíble! Voy a ver por qué no se consume la zarza". Cuando el Señor vio que Moisés se acercaba a mirar, lo llamó desde la zarza: —¡Moisés, Moisés! —Aquí me tienes —respondió. —No te acerques más —le dijo Dios—. Quítate las sandalias, porque estás pisando tierra santa.
(Éxodo 3:2–5)

Iban caminando y conversando [Elías y Eliseo] cuando, de pronto, los separó un carro de fuego con caballos de fuego, y Elías subió al cielo en medio de un torbellino.   (2 Reyes 2:11)

Cuando Salomón terminó de orar, descendió fuego del cielo y consumió el holocausto y los sacrificios, y la gloria del Señor llenó el templo. Tan lleno de su gloria estaba el templo, que los sacerdotes no podían entrar en él. (2 Crónicas 7:1–2)

Después los sacerdotes y los levitas se pusieron de pie y bendijeron al pueblo, y el Señor los escuchó; su oración llegó hasta el cielo, el santo lugar donde Dios habita. (2 Crónicas 30:27)

Pero Esteban, lleno del Espíritu Santo, fijó la mirada en el cielo y vio la gloria de Dios, y a Jesús de pie a la derecha de Dios. —¡Veo el cielo abierto —exclamó—, y al Hijo del hombre de pie a la derecha de Dios. (Hechos 7:55–56)

Conozco a un seguidor de Cristo que hace catorce años fue llevado al tercer cielo (no sé si en el cuerpo o fuera del cuerpo; Dios lo sabe). Y sé que este hombre (no sé si en el cuerpo o aparte del cuerpo; Dios lo sabe) fue llevado al paraíso y escuchó cosas indecibles que a los humanos no se nos permite expresar. (2 Corintios 12:2–4)

LOS ÁNGELES COMO SIERVOS Y MENSAJEROS CELESTIALES DE DIOS

Luego envió un ángel a Jerusalén para destruirla. Y al ver el Señor que el ángel la destruía, se arrepintió del castigo y le dijo al ángel destructor: "¡Basta! ¡Detén tu mano!". En ese momento, el ángel del Señor se hallaba junto a la parcela de Ornán el jebuseo. David alzó la vista y vio que el ángel del Señor estaba entre la tierra y el cielo, con una espada desenvainada en la mano que apuntaba hacia Jerusalén. Entonces David y los ancianos, vestidos de luto, se postraron sobre su rostro.…Allí construyó un altar al Señor y le ofreció holocaustos y sacrificios de comunión. Luego oró al Señor, y en respuesta Dios envió fuego del cielo sobre el altar del holocausto. Entonces el Señor le ordenó al ángel que envainara su espada.

(1 Crónicas 21:15–16, 26–27)

El Señor ha establecido su trono en el cielo; su reinado domina sobre todos. Alaben al Señor, ustedes sus ángeles, paladines que ejecutan su palabra y obedecen su mandato. Alaben al Señor, todos sus ejércitos, siervos suyos que cumplen su voluntad. Alaben al Señor, todas sus obras en todos los ámbitos de su dominio. ¡Alaba, alma mía, al Señor!   (Salmo 103:19–22)

Después del sábado, al amanecer del primer día de la semana, María Magdalena y la otra María fueron a ver el sepulcro. Sucedió que hubo un terremoto violento, porque un ángel del Señor bajó del cielo y, acercándose al sepulcro, quitó la piedra y se sentó sobre ella. Su aspecto era como el de un relámpago, y su ropa era blanca como la nieve. Los guardias tuvieron tanto miedo de él que se pusieron a temblar y quedaron como muertos. El ángel dijo a las mujeres: "No tengan miedo; sé que ustedes buscan a Jesús, el que fue crucificado. No está aquí, pues ha resucitado, tal como dijo. Vengan a ver el lugar donde lo pusieron".

(Mateo 28:1–6)

En esa misma región había unos pastores que pasa-
ban la noche en el campo, turnándose para cuidar sus
rebaños. Sucedió que un ángel del Señor se les apa-
reció. La gloria del Señor los envolvió en su luz, y se
llenaron de temor. Pero el ángel les dijo: "No tengan
miedo. Miren que les traigo buenas noticias que serán
motivo de mucha alegría para todo el pueblo. Hoy les
ha nacido en la ciudad de David un Salvador, que es
Cristo el Señor. Esto les servirá de señal: Encontrarán
a un niño envuelto en pañales y acostado en un pese-
bre". De repente apareció una multitud de ángeles del
cielo, que alababan a Dios y decían: "Gloria a Dios
en las alturas, y en la tierra paz a los que gozan de
su buena voluntad". Cuando los ángeles se fueron al
cielo, los pastores se dijeron unos a otros: "Vamos a
Belén, a ver esto que ha pasado y que el Señor nos ha
dado a conocer".   (Lucas 2:8–15)

Entonces se separó de ellos a una buena distancia, se
arrodilló y empezó a orar: "Padre, si quieres, no me
hagas beber este trago amargo; pero no se cumpla mi
voluntad, sino la tuya". Entonces se le apareció un án-
gel del cielo para fortalecerlo.   (Lucas 22:41–43)

¿No son todos los ángeles espíritus dedicados al ser-
vicio divino, enviados para ayudar a los que han de
heredar la salvación?   (Hebreos 1:14)

LOS ORÍGENES CELESTIALES DE JESÚS/MISIÓN DESDE EL CIELO

Se le apareció [a José] en sueños un ángel del Señor y
le dijo: "José, hijo de David, no temas recibir a María

por esposa, porque ella ha concebido por obra del
Espíritu Santo. Dará a luz un hijo, y le pondrás por
nombre Jesús, porque él salvará a su pueblo de sus
pecados." Todo esto sucedió para que se cumpliera lo
que el Señor había dicho por medio del profeta: "La
virgen concebirá y dará a luz un hijo, y lo llamarán
Emanuel" (que significa "Dios con nosotros").

(Mateo 1:20–23)

Tan pronto como Jesús fue bautizado, subió del agua.
En ese momento se abrió el cielo, y él vio al Espíritu
de Dios bajar como una paloma y posarse sobre él. Y
una voz del cielo decía: "Éste es mi Hijo amado; estoy
muy complacido con él".   (Mateo 3:16–17)

Juan declaró: "Vi al Espíritu descender del cielo como
una paloma y permanecer sobre él".   (Juan 1:32)

Ciertamente les aseguro que ustedes verán abrirse el
cielo, y a los ángeles de Dios subir y bajar sobre el Hijo
del hombre.   (Juan 1:51)

Ciertamente les aseguro que no fue Moisés el que les
dio a ustedes el pan del cielo —afirmó Jesús—. El que
da el verdadero pan del cielo es mi Padre. El pan de
Dios es el que baja del cielo y da vida al mundo.... —
Yo soy el pan de vida —declaró Jesús—. El que a mí
viene nunca pasará hambre, y el que en mí cree nunca
más volverá a tener sed.   (Juan 6:32–33, 35)

Porque he bajado del cielo no para hacer mi voluntad
sino la del que me envió. Y ésta es la voluntad del que
me envió: que yo no pierda nada de lo que él me ha

dado, sino que lo resucite en el día final. Porque la voluntad de mi Padre es que todo el que reconozca al Hijo y crea en él, tenga vida eterna, y yo lo resucitaré en el día final. (Juan 6:38–40)

[Jesús dijo] *"Ahora todo mi ser está angustiado, ¿y acaso voy a decir: 'Padre, sálvame de esta hora difícil'? ¡Si precisamente para afrontarla he venido! ¡Padre, glorifica tu nombre!". Se oyó entonces, desde el cielo, una voz que decía: "Ya lo he glorificado, y volveré a glorificarlo".* (Juan 12:27–28)

La naturaleza del cielo/El reino de Dios

Pero yo siempre estoy contigo [Dios], *pues tú me sostienes de la mano derecha. Me guías con tu consejo, y más tarde me acogerás en gloria. ¿A quién tengo en el cielo sino a ti? Si estoy contigo, ya nada quiero en la tierra. Podrán desfallecer mi cuerpo y mi espíritu, pero Dios fortalece mi corazón; él es mi herencia eterna.* (Salmo 73:23–26)

Declararé que tu amor permanece firme para siempre, que has afirmado en el cielo tu fidelidad.
(Salmo 89:2)

Todo el que infrinja uno solo de estos mandamientos, por pequeño que sea, y enseñe a otros a hacer lo mismo, será considerado el más pequeño en el reino de los cielos; pero el que los practique y enseñe será considerado grande en el reino de los cielos. (Mateo 5:19)

No todo el que me dice: "Señor, Señor", entrará en el reino de los cielos, sino sólo el que hace la voluntad de mi Padre que está en el cielo....Pues mi hermano, mi

*hermana y mi madre son los que hacen la voluntad de
mi Padre que está en el cielo.*   (Mateo 7:21; 12:50)

*Les aseguro que a menos que ustedes cambien y se
vuelvan como niños, no entrarán en el reino de los cielos. Por tanto, el que se humilla como este niño será
el más grande en el reino de los cielos....Miren que no
menosprecien a uno de estos pequeños. Porque les digo
que en el cielo los ángeles de ellos contemplan siempre
el rostro de mi Padre celestial.*   (Mateo 18:3–4, 10)

*Jesús dijo: "Dejen que los niños vengan a mí, y no se
lo impidan, porque el reino de los cielos es de quienes
son como ellos".*   (Mateo 19:14)

*En la resurrección, las personas no se casarán ni se-
rán dadas en casamiento, sino que serán como los ángeles que están en el cielo.*   (Mateo 22:30)

*Ustedes, por el contrario, amen a sus enemigos, há-
ganles bien y denles prestado sin esperar nada a cambio. Así tendrán una gran recompensa y serán hijos
del Altísimo, porque él es bondadoso con los ingratos
y malvados. Sean compasivos, así como su Padre es
compasivo.*   (Lucas 6:35–36)

*Les digo que así es también en el cielo: habrá más
alegría por un solo pecador que se arrepienta, que por
noventa y nueve justos que no necesitan arrepentirse.*
                                    (Lucas 15:7)

*Porque el reino de Dios no es cuestión de comidas o
bebidas sino de justicia, paz y alegría en el Espíritu
Santo.*   (Romanos 14:17)

Las obras de la naturaleza pecaminosa se conocen bien: inmoralidad sexual, impureza y libertinaje; idolatría y brujería; odio, discordia, celos, arrebatos de ira, rivalidades, disensiones, sectarismos y envidia; borracheras, orgías, y otras cosas parecidas. Les advierto ahora, como antes lo hice, que los que practican tales cosas no heredarán el reino de Dios. En cambio, el fruto del Espíritu es amor, alegría, paz, paciencia, amabilidad, bondad, fidelidad, humildad y dominio propio. No hay ley que condene estas cosas.

(Gálatas 5:19–23)

Por tanto, también nosotros, que estamos rodeados de una multitud tan grande de testigos, despojémonos del lastre que nos estorba, en especial del pecado que nos asedia, y corramos con perseverancia la carrera que tenemos por delante.   (Hebreos 12:1)

En cambio, la sabiduría que desciende del cielo es ante todo pura, y además pacífica, bondadosa, dócil, llena de compasión y de buenos frutos, imparcial y sincera.   (Santiago 3:17)

Pero, según su promesa, esperamos un cielo nuevo y una tierra nueva, en los que habite la justicia.

(2 Pedro 3:13)

JESUCRISTO GOBERNANDO DESDE EL CIELO

Jesús se acercó entonces a ellos y les dijo: "Se me ha dado toda autoridad en el cielo y en la tierra. Por tanto, vayan y hagan discípulos de todas las naciones, bautizándolos en el nombre del Padre y del Hijo y del

*Espíritu Santo, enseñándoles a obedecer todo lo que
les he mandado a ustedes. Y les aseguro que estaré
con ustedes siempre, hasta el fin del mundo".*

(Mateo 28:18–20)

*[Jesús] les dijo: "Vayan por todo el mundo y anuncien
las buenas nuevas a toda criatura. El que crea y sea
bautizado será salvo, pero el que no crea será conde-
nado. Estas señales acompañarán a los que crean: en
mi nombre expulsarán demonios; hablarán en nuevas
lenguas; tomarán en sus manos serpientes; y cuando
beban algo venenoso, no les hará daño alguno; pon-
drán las manos sobre los enfermos, y éstos recobrarán
la salud". Después de hablar con ellos, el Señor Jesús
fue llevado al cielo y se sentó a la derecha de Dios.*
(Marcos 16:15–19)

*[Jesús dijo] "Ahora voy a enviarles lo que ha prometi-
do mi Padre; pero ustedes quédense en la ciudad hasta que sean revestidos del poder de lo alto". Después
los llevó Jesús hasta Betania; allí alzó las manos y los
bendijo. Sucedió que, mientras los bendecía, se alejó
de ellos y fue llevado al cielo.*   (Lucas 24:49–51)

*Y juntamente con él [Dios] nos resucitó, y asimismo
nos hizo sentar en los lugares celestiales con Cristo
Jesús.*   (Efesios 2:6, RVR)

*[Jesús] es la imagen del Dios invisible, el primogénito
de toda creación. Porque en él fueron creadas todas
las cosas, las que hay en los cielos y las que hay en
la tierra, visibles e invisibles; sean tronos, sean do-
minios, sean principados, sean potestades; todo fue*

creado por medio de él y para él. Y él es antes de todas las cosas, y todas las cosas en él subsisten.

(Colosenses 1:15–17)

El Hijo es el resplandor de la gloria de Dios, la fiel imagen de lo que él es, y el que sostiene todas las cosas con su palabra poderosa. Después de llevar a cabo la purificación de los pecados, se sentó a la derecha de la Majestad en las alturas. Así llegó a ser superior a los ángeles en la misma medida en que el nombre que ha heredado supera en excelencia al de ellos.

(Hebreos 1:3–4)

Ahora bien, el punto principal de lo que venimos diciendo es que tenemos tal sumo sacerdote, aquel que se sentó a la derecha del trono de la Majestad en el cielo, el que sirve en el santuario, es decir, en el verdadero tabernáculo levantado por el Señor y no por ningún ser humano....En efecto, Cristo no entró en un santuario hecho por manos humanas, simple copia del verdadero santuario, sino en el cielo mismo, para presentarse ahora ante Dios en favor nuestro.

(Hebreos 8:1–2; 9:24)

Jesucristo, quien subió al cielo y tomó su lugar a la derecha de Dios, y a quien están sometidos los ángeles, las autoridades y los poderes.   (1 Pedro 3:21–22)

LIBROS CELESTIALES DE REGISTROS/LIBRO DE LA VIDA/NOMBRES ESCRITOS EN EL CIELO

Tus ojos vieron mi cuerpo en gestación: todo estaba ya escrito en tu libro; todos mis días se estaban

diseñando, aunque no existía uno solo de ellos.
(Salmo 139:16)

Sí, les he dado autoridad a ustedes para pisotear ser-
pientes y escorpiones y vencer todo el poder del ene-
migo; nada les podrá hacer daño. Sin embargo, no se
alegren de que puedan someter a los espíritus, sino
alégrense de que sus nombres están escritos en el cie-
lo.
(Lucas 10:19–20)

Y a ti, mi fiel compañero, te pido que ayudes a estas
mujeres que han luchado a mi lado en la obra del
evangelio, junto con Clemente y los demás colaborado-
res míos, cuyos nombres están en el libro de la vida.
(Filipenses 4:3)

Ustedes se han acercado al monte Sión, a la Jerusalén
celestial, la ciudad del Dios viviente. Se han acerca-
do a millares y millares de ángeles, a una asamblea
gozosa, a la iglesia de los primogénitos inscritos en el
cielo. Se han acercado a Dios, el juez de todos; a los
espíritus de los justos que han llegado a la perfección;
a Jesús, el mediador de un nuevo pacto; y a la sangre
rociada, que habla con más fuerza que la de Abel.
(Hebreos 12:22–24)

El que salga vencedor se vestirá de blanco. Jamás bo-
rraré su nombre del libro de la vida, sino que recono-
ceré su nombre delante de mi Padre y delante de sus
ángeles.
(Apocalipsis 3:5)

Vi también a los muertos, grandes y pequeños, de pie
delante del trono. Se abrieron unos libros, y luego otro,
que es el libro de la vida. Los muertos fueron juzgados

según lo que habían hecho, conforme a lo que estaba escrito en los libros. El mar devolvió sus muertos; la muerte y el infierno devolvieron los suyos; y cada uno fue juzgado según lo que había hecho. La muerte y el infierno fueron arrojados al lago de fuego. Este lago de fuego es la muerte segunda. Aquel cuyo nombre no estaba escrito en el libro de la vida era arrojado al lago de fuego.   (Apocalipsis 20:12–15)

Nunca entrará en ella nada impuro, ni los idólatras ni los farsantes, sino sólo aquellos que tienen su nombre escrito en el libro de la vida, el libro del Cordero.
(Apocalipsis 21:27)

Recompensas celestiales/Eternas

Dichosos los perseguidos por causa de la justicia, porque el reino de los cielos les pertenece. Dichosos serán ustedes cuando por mi causa la gente los insulte, los persiga y levante contra ustedes toda clase de calumnias. Alégrense y llénense de júbilo, porque les espera una gran recompensa en el cielo. Así también persiguieron a los profetas que los precedieron a ustedes.
(Mateo 5:10–12)

Pero yo les digo: Amen a sus enemigos y oren por quienes los persiguen, para que sean hijos de su Padre que está en el cielo. Él hace que salga el sol sobre malos y buenos, y que llueva sobre justos e injustos. Si ustedes aman solamente a quienes los aman, ¿qué recompensa recibirán? ¿Acaso no hacen eso hasta los recaudadores de impuestos? Y si saludan a sus hermanos solamente, ¿qué de más hacen ustedes? ¿Acaso no hacen

*esto hasta los gentiles? Por tanto, sean perfectos, así
como su Padre celestial es perfecto. Cuídense de no
hacer sus obras de justicia delante de la gente para
llamar la atención. Si actúan así, su Padre que está
en el cielo no les dará ninguna recompensa. Por eso,
cuando des a los necesitados, no lo anuncies al son
de trompeta, como lo hacen los hipócritas en las sinagogas y en las calles para que la gente les rinda
homenaje. Les aseguro que ellos ya han recibido toda
su recompensa. Más bien, cuando des a los necesitados, que no se entere tu mano izquierda de lo que hace
la derecha, para que tu limosna sea en secreto. Así tu
Padre, que ve lo que se hace en secreto, te recompensará. Cuando oren, no sean como los hipócritas, porque
a ellos les encanta orar de pie en las sinagogas y en
las esquinas de las plazas para que la gente los vea.
Les aseguro que ya han obtenido toda su recompensa.
Pero tú, cuando te pongas a orar, entra en tu cuarto,
cierra la puerta y ora a tu Padre, que está en lo secreto. Así tu Padre, que ve lo que se hace en secreto, te
recompensará.*   (Mateo 5:44–6:6)

*No acumulen para sí tesoros en la tierra, donde la
polilla y el óxido destruyen, y donde los ladrones se
meten a robar. Más bien, acumulen para sí tesoros en
el cielo, donde ni la polilla ni el óxido carcomen, ni los
ladrones se meten a robar.*   (Mateo 6:19–20)

*A cualquiera que me reconozca delante de los demás,
yo también lo reconoceré delante de mi Padre que está
en el cielo. Pero a cualquiera que me desconozca delante de los demás, yo también lo desconoceré delante
de mi Padre que está en el cielo.*   (Mateo 10:32–33)

Cualquiera que recibe a un profeta por tratarse de un profeta, recibirá recompensa de profeta; y el que recibe a un justo por tratarse de un justo, recibirá recompensa de justo. Y quien dé siquiera un vaso de agua fresca a uno de estos pequeños por tratarse de uno de mis discípulos, les aseguro que no perderá su recompensa. (Mateo 10:41–42)

El reino de los cielos es como un tesoro escondido en un campo. Cuando un hombre lo descubrió, lo volvió a esconder, y lleno de alegría fue y vendió todo lo que tenía y compró ese campo. También se parece el reino de los cielos a un comerciante que andaba buscando perlas finas. Cuando encontró una de gran valor, fue y vendió todo lo que tenía y la compró. (Mateo 13:44–46)

Porque el Hijo del hombre ha de venir en la gloria de su Padre con sus ángeles, y entonces recompensará a cada persona según lo que haya hecho. (Mateo 16:27)

Dichosos ustedes cuando los odien, cuando los discriminen, los insulten y los desprestigien por causa del Hijo del hombre. Alégrense en aquel día y salten de gozo, pues miren que les espera una gran recompensa en el cielo. Dense cuenta de que los antepasados de esta gente trataron así a los profetas. (Lucas 6:22–23)

No tengan miedo, mi rebaño pequeño, porque es la buena voluntad del Padre darles el reino. Vendan sus bienes y den a los pobres. Provéanse de bolsas que no se desgasten; acumulen un tesoro inagotable en el cielo, donde no hay ladrón que aceche ni polilla que destruya. Pues donde tengan ustedes su tesoro, allí estará también su corazón.   (Lucas 12:32–34)

Así que no cuenta ni el que siembra ni el que riega, sino sólo Dios, quien es el que hace crecer. El que siembra y el que riega están al mismo nivel, aunque cada uno será recompensado según su propio trabajo. En efecto, nosotros somos colaboradores al servicio de Dios; y ustedes son el campo de cultivo de Dios, son el edificio de Dios. Según la gracia que Dios me ha dado, yo, como maestro constructor, eché los cimientos, y otro construye sobre ellos. Pero cada uno tenga cuidado de cómo construye, porque nadie puede poner un fundamento diferente del que ya está puesto, que es Jesucristo. Si alguien construye sobre este fundamento, ya sea con oro, plata y piedras preciosas, o con madera, heno y paja, su obra se mostrará tal cual es, pues el día del juicio la dejará al descubierto. El fuego la dará a conocer, y pondrá a prueba la calidad del trabajo de cada uno. Si lo que alguien ha construido permanece, recibirá su recompensa, pero si su obra es consumida por las llamas, él sufrirá pérdida. Será salvo, pero como quien pasa por el fuego.
(1 Corintios 3:7–15)

Porque es necesario que todos comparezcamos ante el tribunal de Cristo, para que cada uno reciba lo que le corresponda, según lo bueno o malo que haya hecho mientras vivió en el cuerpo.   (2 Corintios 5:10)

Sirvan de buena gana, como quien sirve al Señor y no a los hombres, sabiendo que el Señor recompensará a cada uno por el bien que haya hecho, sea esclavo o sea libre.   (Efesios 6:7–8)

Hagan lo que hagan, trabajen de buena gana, como para el Señor y no como para nadie en este mundo, conscientes de que el Señor los recompensará con la herencia. Ustedes sirven a Cristo el Señor.

(Colosenses 3:23–24)

Así que no pierdan la confianza, porque ésta será grandemente recompensada. Ustedes necesitan perseverar para que, después de haber cumplido la voluntad de Dios, reciban lo que él ha prometido. Pues dentro de muy poco tiempo, el que ha de venir vendrá, y no tardará. Pero mi justo vivirá por la fe. Y si se vuelve atrás, no será de mi agrado." Pero nosotros no somos de los que se vuelven atrás y acaban por perderse, sino de los que tienen fe y preservan su vida.

(Hebreos 10:35–39)

Por la fe Moisés, ya adulto, renunció a ser llamado hijo de la hija del faraón. Prefirió ser maltratado con el pueblo de Dios a disfrutar de los efímeros placeres del pecado. Consideró que el oprobio por causa del Mesías era una mayor riqueza que los tesoros de Egipto, porque tenía la mirada puesta en la recompensa.

(Hebreos 11:24–26)

Cuídense de no echar a perder el fruto de nuestro trabajo; procuren más bien recibir la recompensa completa. Todo el que se descarría y no permanece en la enseñanza de Cristo, no tiene a Dios; el que permanece en la enseñanza sí tiene al Padre y al Hijo.

(2 Juan 1:8–9)

Al que salga vencedor lo haré columna del templo de mi Dios, y ya no saldrá jamás de allí. Sobre él grabaré el nombre de mi Dios y el nombre de la nueva Jerusalén, ciudad de mi Dios, la que baja del cielo de parte de mi Dios; y también grabaré sobre él mi nombre nuevo.

(Apocalipsis 3:12)

¡Miren que vengo pronto! Traigo conmigo mi recompensa, y le pagaré a cada uno según lo que haya hecho. Yo soy el Alfa y la Omega, el Primero y el Último, el Principio y el Fin. Dichosos los que lavan sus ropas para tener derecho al árbol de la vida y para poder entrar por las puertas de la ciudad. Pero afuera se quedarán los perros, los que practican las artes mágicas, los que cometen inmoralidades sexuales, los asesinos, los idólatras y todos los que aman y practican la mentira. Yo, Jesús, he enviado a mi ángel para darles a ustedes testimonio de estas cosas que conciernen a las iglesias. Yo soy la raíz y la descendencia de David, la brillante estrella de la mañana.

(Apocalipsis 22:12–16)

EL REGRESO DE JESUCRISTO DEL CIELO/GOBIERNO SOBRE LA TIERRA

En esa visión nocturna, vi que alguien con aspecto humano venía entre las nubes del cielo. Se acercó al venerable Anciano y fue llevado a su presencia, y se le dio autoridad, poder y majestad. ¡Todos los pueblos, naciones y lenguas lo adoraron! ¡Su dominio es un dominio eterno, que no pasará, y su reino jamás será destruido!   (Daniel 7:13–14)

—Tú lo has dicho —respondió Jesús—. Pero yo les digo a todos: De ahora en adelante verán ustedes al Hijo *del hombre sentado a la derecha del Todopoderoso, y viniendo en las nubes del cielo.* (Mateo 26:64)

—No les toca a ustedes conocer la hora ni el momento determinados por la autoridad misma del Padre —les contestó Jesús—. Pero cuando venga el Espíritu Santo sobre ustedes, recibirán poder y serán mis testigos tanto en Jerusalén como en toda Judea y Samaria, y hasta los confines de la tierra. Habiendo dicho esto, mientras ellos lo miraban, fue llevado a las alturas hasta que una nube lo ocultó de su vista. Ellos se quedaron mirando fijamente al cielo mientras él se alejaba. De repente, se les acercaron dos hombres vestidos de blanco, que les dijeron: —Galileos, ¿qué hacen aquí mirando al cielo? Este mismo Jesús, que ha sido llevado de entre ustedes al cielo, vendrá otra vez de la misma manera que lo han visto irse.
(Hechos 1:7–11)

Él nos hizo conocer el misterio de su voluntad conforme al buen propósito que de antemano estableció en Cristo, para llevarlo a cabo cuando se cumpliera el tiempo: reunir en él todas las cosas, tanto las del cielo como las de la tierra. (Efesios 1:9–10)

Por eso Dios lo exaltó [a Jesús] hasta lo sumo y le otorgó el nombre que está sobre todo nombre, para que ante el nombre de Jesús se doble toda rodilla en el cielo y en la tierra y debajo de la tierra, y toda lengua confiese que Jesucristo es el Señor, para gloria de Dios Padre. (Filipenses 2:9–11)

En cambio, nosotros somos ciudadanos del cielo, de donde anhelamos recibir al Salvador, el Señor Jesucristo. Él transformará nuestro cuerpo miserable

*para que sea como su cuerpo glorioso, mediante el po-
der con que somete a sí mismo todas las cosas.*

(Filipenses 3:20–21)

*Ya que han resucitado con Cristo, busquen las cosas
de arriba, donde está Cristo sentado a la derecha de
Dios. Concentren su atención en las cosas de arriba, no en las de la tierra, pues ustedes han muerto
y su vida está escondida con Cristo en Dios. Cuando
Cristo, que es la vida de ustedes, se manifieste, entonces también ustedes serán manifestados con él en
gloria.*

(Colosenses 3:1–4)

*Y a ustedes que sufren, les dará descanso, lo mismo
que a nosotros. Esto sucederá cuando el Señor Jesús
se manifieste desde el cielo entre llamas de fuego,
con sus poderosos ángeles, para castigar a los que no
conocen a Dios ni obedecen el evangelio de nuestro
Señor Jesús...el día en que venga para ser glorificado
por medio de sus santos y admirado por todos los que
hayan creído, entre los cuales están ustedes porque
creyeron el testimonio que les dimos.*

(2 Tesalonicenses 1:7–8, 10)

*Miré, ¡y apareció un caballo blanco! El jinete llevaba
un arco; se le dio una corona, y salió como vencedor,
para seguir venciendo.*

(Apocalipsis 6:2)

*Luego vi el cielo abierto, y apareció un caballo blan-
co. Su jinete se llama Fiel y Verdadero. Con justicia
dicta sentencia y hace la guerra. Sus ojos resplande-
cen como llamas de fuego, y muchas diademas ciñen
su cabeza. Lleva escrito un nombre que nadie conoce sino sólo él. Está vestido de un manto teñido en
sangre, y su nombre es "el Verbo de Dios". Lo siguen*

los ejércitos del cielo, montados en caballos blancos y vestidos de lino fino, blanco y limpio. De su boca sale una espada afilada, con la que herirá a las naciones. "Las gobernará con puño de hierro." Él mismo exprime uvas en el lagar del furor del castigo que viene de Dios Todopoderoso. En su manto y sobre el muslo lleva escrito este nombre: Rey de reyes y Señor de señores. (Apocalipsis 19:11–16)

NUESTRO HOGAR CELESTIAL/VIDA ETERNA

En el hogar de mi Padre hay muchas viviendas; si no fuera así, ya se lo habría dicho a ustedes. Voy a prepararles un lugar. Y si me voy y se lo preparo, vendré para llevármelos conmigo. Así ustedes estarán donde yo esté. (Juan 14:2–3)

Por tanto, no nos desanimamos. Al contrario, aunque por fuera nos vamos desgastando, por dentro nos vamos renovando día tras día. Pues los sufrimientos ligeros y efímeros que ahora padecemos producen una gloria eterna que vale muchísimo más que todo sufrimiento. Así que no nos fijamos en lo visible sino en lo invisible, ya que lo que se ve es pasajero, mientras que lo que no se ve es eterno. De hecho, sabemos que si esta tienda de campaña en que vivimos se deshace, tenemos de Dios un edificio, una casa eterna en el cielo, no construida por manos humanas. Mientras tanto suspiramos, anhelando ser revestidos de nuestra morada celestial, porque cuando seamos revestidos, no se nos hallará desnudos. Realmente, vivimos en esta tienda de campaña, suspirando y agobiados, pues no deseamos ser desvestidos sino revestidos, para que lo mortal sea absorbido por la vida. Es Dios quien nos ha hecho para este fin y nos ha dado su Espíritu como garantía de sus promesas. Por eso mantenemos siempre la confianza, aunque sabemos que mientras vivamos en este cuerpo estaremos alejados del Señor. Vivimos por fe, no por vista. Así que nos mantenemos confiados, y preferiríamos ausentarnos de este cuerpo y vivir junto al Señor. Por eso nos empeñamos en agradarle, ya sea que vivamos en nuestro cuerpo o que lo hayamos dejado.   (2 Corintios 4:16–5:9)

Pues hemos recibido noticias de su fe en Cristo Jesús y del amor que tienen por todos los santos a causa de la esperanza reservada para ustedes en el cielo. De esta esperanza ya han sabido por la palabra de verdad, que es el evangelio que ha llegado hasta ustedes. Este evangelio está dando fruto y creciendo en todo el mundo, como también ha sucedido entre ustedes desde el día en que supieron de la gracia de Dios y la comprendieron plenamente.   (Colosenses 1:4–6)

Hermanos, no queremos que ignoren lo que va a pasar con los que ya han muerto, para que no se entristezcan como esos otros que no tienen esperanza. ¿Acaso no creemos que Jesús murió y resucitó? Así también Dios resucitará con Jesús a los que han muerto en unión con él. Conforme a lo dicho por el Señor, afirmamos que nosotros, los que estemos vivos y hayamos quedado hasta la venida del Señor, de ninguna manera nos adelantaremos a los que hayan muerto. El Señor mismo descenderá del cielo con voz de mando, con voz de arcángel y con trompeta de Dios, y los muertos en Cristo resucitarán primero. Luego los que estemos vivos, los que hayamos quedado, seremos arrebatados junto con ellos en las nubes para encontrarnos con el Señor en el aire. Y así estaremos con el Señor para siempre.   (1 Tesalonicenses 4:13–17)

¡Alabado sea Dios, Padre de nuestro Señor Jesucristo! Por su gran misericordia, nos ha hecho nacer de nuevo mediante la resurrección de Jesucristo, para que tengamos una esperanza viva y recibamos una herencia indestructible, incontaminada e inmarchitable. Tal herencia está reservada en el cielo para ustedes, a quienes el poder de Dios protege mediante la fe hasta que llegue la salvación que se ha de revelar en los últimos tiempos.   (1 Pedro 1:3–5)

Vi además la ciudad santa, la nueva Jerusalén, que bajaba del cielo, procedente de Dios, preparada como una novia hermosamente vestida para su prometido. Oí una potente voz que provenía del trono y decía: "¡Aquí, entre los seres humanos, está la morada de Dios! Él acampará en medio de ellos, y ellos serán su pueblo; Dios mismo estará con ellos y será su Dios. Él les enjugará toda lágrima de los ojos. Ya no habrá muerte, ni llanto, ni lamento ni dolor, porque las primeras cosas han dejado de existir". El que estaba sentado en el trono dijo: "¡Yo hago nuevas todas las cosas!". Y añadió: "Escribe, porque estas palabras son verdaderas y dignas de confianza".

(Apocalipsis 21:2–5)

La ciudad no tiene necesidad de sol ni de luna que brillen en ella; porque la gloria de Dios la ilumina, y el Cordero es su lumbrera.   (Apocalipsis 21:23, RVR)

Acerca del autor

Richard Sigmund (1941–2012) nació en Des Moines, Iowa. Su abuelo estaba orando mientras Richard nacía, y el Señor le dijo: "A través de él, responderé la oración". ¿La oración de quién? La oración de su bisabuelo, que fue un predicador judío lleno del Espíritu que iba de un lugar a otro a caballo durante la Guerra Civil.

El Señor se le apareció por primera vez a Richard cuando tenía cuatro años. De niño, comenzó a predicar en una iglesia rural metodista en Iowa. Su abuelo conocía al evangelista de sanidad Jack Coe Sr., y el reverendo Coe llevó a Richard a Omaha en 1949 a predicar. Mientras el niño conocido como "el pequeño Richard" predicaba, la unción descendió sobre él y vio ángeles.

Cuando tenía unos nueve años, presentó el evangelio en las reuniones del evangelista mundialmente conocido y con don de hacer milagros A. A. Allen. Richard estuvo con Allen durante unos diez años; los tutores le permitieron mantener sus tareas de la escuela mientras viajaba. También durante ese tiempo, Richard estuvo con el evangelista Lee Girard y dio su testimonio durante las reuniones de William Branham.

A sus veinte años, Richard tuvo un ministerio fructífero durante un tiempo en Phoenix, Arizona, y luego realizó reuniones en carpas con un éxito considerable entre los Navajo del norte de Arizona y en otras reuniones de avivamiento alrededor del país. En 1974, mientras estaba ministrando en una pequeña iglesia en Bartlesville, Oklahoma, estuvo declarado muerto durante ocho horas tras sufrir un accidente de tráfico, durante el que tuvo su experiencia del cielo y el infierno.

A lo largo de los años, Richard ha predicado el evangelio a través de programas de televisión, emisoras de radio y charlas. Ha estado en reuniones con Kathryn Kuhlman y Oral Roberts, y fue entrevistado por Pat Robertson. Richard ha ministrado en Inglaterra, Escocia, Australia, Suráfrica, Kenia y muchos otros países. En Suráfrica, siguió a David Nunn y Morris Cerullo en una serie especial de reuniones. Fue Rex Humbard el que le animó a contar su historia de un lugar llamado cielo.

A principios de la década de 1990, Richard conoció a su esposa, Priscilla, originaria también de Iowa. Después de vivir en Texas y Missouri, regresaron a Iowa, donde establecieron la base de su organización, Cleft of the Rock Ministries, mediante la cual Priscilla sigue ministrando en la actualidad.

Para más información, por favor contactar con:
Cleft of the Rock Ministries
P.O. Box 177
Maxwell, IA 50161
E-mail: theheavenbook@aol.com